Jet Tila

101 ASIATISCHE KLASSIKER, die du gekocht haben musst

Die beliebtesten Rezepte aus Thailand, Vietnam, Japan, China und Korea

riva

Bibliografische Information der Deutschen Nationalbibliothek
Die Deutsche Nationalbibliothek verzeichnet diese Publikation in der Deutschen Nationalbibliografie. Detaillierte bibliografische Daten sind im Internet über https://dnb.de abrufbar.

Für Fragen und Anregungen
info@m-vg.de

Wichtiger Hinweis
Ausschließlich zum Zweck der besseren Lesbarkeit wurde auf eine genderspezifische Schreibweise sowie eine Mehrfachbezeichnung verzichtet. Alle personenbezogenen Bezeichnungen sind somit geschlechtsneutral zu verstehen.

Originalausgabe
7. Auflage 2026

Türkenstraße 89
80799 München
Tel.: 089 651285-0

Die englische Originalausgabe erschien 2017 bei Page Street Publishing Co. unter dem Titel *101 Asian Dishes You Need to Cook Before You Die*.
Dieses Werk wurde im Auftrag von Page Street Publishing Co. durch die Literarische Agentur Thomas Schlück GmbH, 30161 Hannover, vermittelt.

Übersetzung: Christa Trautner-Suder
Redaktion: Silke Panten
Umschlaggestaltung: Catharina Aydemir
Umschlagabbildungen und Fotos im Innenteil: Ken Goodman
Satz: Satzwerk Huber, Germering
Druck: Balto Print UAB, Litauen
Printed in the EU

ISBN Print 978-3-7423-1513-7
ISBN E-Book (PDF) 978-3-7453-1256-0
ISBN E-Book (EPUB, Mobi) 978-3-7453-1257-7

DIESES BUCH WIDME ICH
ALI, AMAYA UND REN.
IHR SEID DER MITTELPUNKT MEINES
UNIVERSUMS.

Inhaltsverzeichnis

und fuhren anschließend wieder nach Hause, um zu kochen. Ich habe beim Kochen einiger Tausend Abendessen zugeschaut und konnte schließlich auch dabei helfen.

Ich arbeitete in den Restaurants und auf den Märkten meiner Familie mit. Ich bekam einen kompletten Einblick in Lebensmittel und Essen, vom Bauernhof bis zum Markt, vom Markt bis ins Restaurant und vom Kochen bis auf den Tisch. So hatte ich eine einzigartige kulinarische Erziehung und das in meinen ersten 15 Lebensjahren. Die folgenden Jahre führten mich auf eine französische Kochschule, eine japanische Kochschule, und anschließend arbeitete ich in einigen großartigen Restaurants in L. A. Ich nahm mir die Zeit, in vielen Kochschulen als Kochlehrer zu arbeiten. Anschließend unternahm ich einen Abstecher in die Gemeinschaftsgastronomie, wodurch ich in eine der besten Hotelkantinen Amerikas geführt wurde. Das war alles vor meiner Zeit als Fernsehkoch. Im Anschluss daran verwirklichte ich meine eigene Version der TV-Serie *Food Network Star*, wobei ich Stars wie Alton Brown, Giada De Laurentiis und Bobby Flay als Mentoren hatte.

All diese Jahre, Tausende von Stunden, bringe ich in dieses Buch ein. Ich glaube, es gibt zwei Arten von Köchen auf der Welt. Auf der einen Seite sind die Köche, die innovativ sein und neue Geschmackskombinationen kreieren wollen. Und dann gibt es die Köche wie mich, die eher handwerklich arbeiten und jene Gerichte aus der Vergangenheit studieren und kochen wollen, die sie stark beeinflusst und interessiert haben. Ich möchte lernen, die Klassiker zuzubereiten, möchte sie nachkochen und mit dir so eng vertraut werden, dass ich verstehe, woher sie kommen. Und ich will den Ursprüngen nachspüren: Warum gibt es dieses oder jenes Gericht und warum schmeckt es so köstlich? Meiner Meinung nach führt uns das Warum zu einer größeren Wertschätzung eines Gerichts. Meine Leidenschaft ist es, Gerichte auf ihre Komponenten herunterzubrechen und leichter verständlich zu machen, sie quasi zu entmystifizieren. Ich möchte, dass sie in jedem Zuhause einfach nachgekocht werden können.

Mein Ziel ist es, dich so nah wie möglich an das Authentische und Köstliche heranzuführen. Aber ich will noch mehr: Ich wünsche mir, dir den Mechanismus dieser Ethno-Küche verständlich zu machen. Wenn du authentisches leckeres Essen kochen willst, folge einfach meinen Angaben und verwende die richtigen Zutaten. Wenn du darüber hinaus wirklich das Warum verstehen willst, das Wesen jeder Küche, lies. Lies die Kapitel-Intros, die Rezept-Intros, um alle Tipps und Tricks mitzubekommen. Die kurzen und kompakten Informationen sind alle für dich gedacht. Wie bei allem, worin du gut sein willst: Übe und habe Spaß dabei! Bis zur Fertigstellung dieses Buches sind 25 Jahre vergangen und ich hoffe, du wirst ein Leben lang Freude daran haben.

Was bedeutet Yum?

Zur Yum-Philosophie der verschiedenen asiatischen Küchen

Viele Leute klagen, ihre asiatischen Gerichte würden alle gleich schmecken. Dafür gibt es eine ganz einfache Erklärung. Es liegt daran, dass viele Leute alle Gerichte mit Sojasauce würzen. Dabei ist Sojasauce bei Weitem nicht die einzige Würze für asiatische Speisen. Das solltest dir wieder und wieder vor Augen führen. Es gibt eine ganze Welt von Zutaten und Aromen zu entdecken.

Yum ist ein thailändischer Begriff, der die perfekte Ausgewogenheit zwischen scharf, sauer, salzig, süß und würzig ausdrückt. Ein guter Grundsatz, den man beim Kochen aller asiatischen Speisen beherzigen sollte. Bedenke diese fünf Geschmacksrichtungen immer, wenn du asiatisch kochst. Yum ist zwar ein thailändisches Wort, jedoch gehen alle asiatischen Länder so an das Kochen heran, dass eine Ausgewogenheit zwischen diesen fünf Geschmacksrichtungen angestrebt wird. Bedenke, dass jedes Land seine speziellen Saucen hat, die zu jeder Geschmacksrichtung von Yum passen. Es ist bereits die halbe Miete, authentische Zutaten aus dem richtigen Land zu verwenden. Stell dir selbst die richtigen Fragen, dann wirst du auch herausfinden, was die richtigen Zutaten sind.

Frage dich immer, aus welchem Land ein Gericht stammt. Dann bist du auf dem richtigen Weg, authentisches asiatisches Essen zu kochen.

Ich stelle dir nun die Basics vor, wobei du noch viele weitere entdecken wirst, wenn du in diesem Buch weiterliest. Bedenke, dass es Überschneidungen geben wird, jedoch hat jedes Land seine Grundwürzmittel:

Thai-Küche

Fischsauce, Chilipaste in Sojaöl, frischer Limettensaft, Sriracha-Sauce, Currypaste und Thai-Chilis

Chinesische Küche

Austernsauce, Hoisin-Sauce, Reisessig, Chili-Knoblauchsauce und Ingwer

Japanische Küche

Dashi, helle Sojasauce (oft grünes Etikett), dunkle Sojasauce (oft rotes Etikett), Mirin, Sake und Miso

Koreanische Küche

Sojasauce, Gochujang-Paste, Knoblauch und Sesamöl

Vietnamesische Küche

Fischsauce (*Nuoc Mam*), Zitronengras, Basilikum und Hoisin-Sauce

»Authentisch« ist ein weiter Begriff, und genau so ist auch meine Interpretation. Chinesisches Essen hat sich vor mehr als 100 Jahren weltweit verbreitet. Die Thai-Küche, die vietnamesische und die koreanische Küche breiten sich ebenfalls seit 40 oder noch mehr Jahren aus. Wenn sich eine Küche in einem anderen Land durchsetzt und dort neue Gerichte kreiert werden, sind die etwa nicht authentisch? In den letzten 50 Jahren wurden von Asiaten außerhalb Asiens neue Gerichte kreiert wie California Rolls, Spicy Tuna Rolls, Orange Chicken und unzählige weitere, und sie haben Eingang in das globale Lebensmittelvokabular gefunden. Für mich sind sie damit völlig authentisch. Zu dieser Meinung werde ich immer stehen.

Hinweise zum Einkaufen und zu den Zutaten

Wir leben in einer Zeit, in der man praktisch alles vor Ort einkaufen kann. Du musst nicht einmal mehr das Haus verlassen, um asiatische Zutaten zu kaufen. Das Internet hat dauerhaft neue Spielregeln aufgestellt. Du bekommst vieles online, von Fischsauce über alle Arten von Sojasaucen bis hin zu Chili-Knoblauchsauce, Reisnudeln und Tamarinde.

Wahrscheinlich haben 90 Prozent von uns einen Asia-Markt in der Stadt oder zumindest in einer Nachbarstadt. Ich ermuntere dich, dort einmal hinzugehen und das Sortiment zu erkunden. Es gibt also keine Ausrede, diese Gerichte nicht nachzukochen! Du wirst von dieser kulinarischen Spielwiese erstaunt sein und dich genauer damit befassen wollen.

Supermärkte sind inzwischen ebenfalls sehr gut sortiert, was asiatische Produkte betrifft. Mit der Auswahl zwischen deinem Geschäft vor Ort, dem Internet und einem Ethno-Markt solltest du also in der Lage sein, dir alle nötigen Zutaten für diese Gerichte zu beschaffen.

Ich möchte dir ein paar genauere Angaben zu einigen Hauptprodukten mitgeben.

Fischsauce

Die thailändische und die vietnamesische Fischsauce werden vor allem für die Geschmacksrichtungen salzig und umami verwendet. Versuche, eine Sauce zu bekommen, die in Thailand oder Vietnam produziert wurde. Ich würde sie nach Möglichkeit durch nichts anderes ersetzen. Sie besteht aus einem Brei aus Salz, Wasser und Sardellen. Dieser Brei fermentiert, bis sich eine wunderschön klare bernsteinfarbene Flüssigkeit am Boden absetzt, die dann in Flaschen abgefüllt wird. Wenn du keinen Fisch isst, ersetze die Fischsauce durch eine chinesische dünne Sojasauce. Es ist nicht genau dasselbe, wenn du jedoch ohnehin keinen Fisch isst, wirst du den Unterschied nicht bemerken.

Tamarinde

Diese Frucht gedeiht rund um den Äquator und wird vor allem als süßsaure Zutat bei Gerichten verwendet, wenn sie nicht gerade roh verzehrt wird. Sie ist eine entscheidende Zutat für Pad Thai und viele weitere südostasiatische Gerichte. Erhältlich ist die Frucht in vielen verschiedenen Packungen und Formen, ich kaufe am liebsten die in Thailand hergestellte Paste in einer Kunststofftube. Indische und mexikanische Produkte sind konzentriert und/oder reduziert und geschmacklich einfach zu intensiv.

Palmzucker

Dieser Zucker wird aus den eingekochten Feststoffen des Saftes der Kokospalme hergestellt. Er hat ein angenehmes Aroma, das an Kokos mit einem Hauch von Ahornsirup erinnert. Üblicherweise bekommt man den Zucker in steinharter Form. Die einfachste Art, ihn verarbeitungsfähig zu machen, ist, ihn entweder eine Minute in der Mikrowelle geschmeidig werden zu lassen oder einen dicken Sirup zuzubereiten, indem er unter Zugabe von etwas Wasser erhitzt wird. Es ist nicht schlimm, wenn du keinen Palmzucker hast. Brauner Zucker ist ein sehr guter Ersatz.

Sriracha

Lass mich eines gleich klarstellen: Der Mist in der durchsichtigen Flasche mit grünem Verschluss und dem Gockel auf dem Etikett ist keine echte Sriracha-Sauce. Sriracha stammt ursprünglich aus Si Racha, einer Küstenstadt in Thailand. Echte Sriracha-Sauce muss aus Chilis zubereitet werden, die hier gedeihen. Die echte Sauce ist geschmacklich ausgewogen zwischen scharf, süß und pikant. Thailänder würzen nicht alles mit der Sauce, sondern hauptsächlich Pad Thai und alle Gerichte mit Eiern. Bereite eine fantastische hausgemachte Sriracha-Sauce nach meinem Rezept auf Seite 179 zu.

Chili-Knoblauchsauce versus Sambal

Sambal Oelek ist eine indo-malaysische Chilisauce, die sehr säuerlich und scharf ist. Chinesische Chili-Knoblauchsauce ist leicht scharf mit einer Knoblauchnote und nicht sehr säuerlich. Wenn du nur Sambal bekommst, halbiere die Menge als Ersatz für die chinesische Chili-Knoblauchsauce.

Sojasaucen

Für chinesische Gerichte verwende dünne Sojasauce, dunkle Sojasauce und süße Sojasauce.

Für Thai-Gerichte verwende Maggi-Würzsauce oder Thai-Sojabohnensauce.

Kaffirlimettenblätter, Zitronengras und Galgant (Thai-Ingwer)

Diese Artikel bekommst du online oder in Asia-Läden. Wenn du keine frischen Produkte bekommst, ist die getrocknete Variante ein guter Ersatz.

Rock the Wok

Meisterliche Pfannengerichte

Lass dir vom Wok bloß keinen Schrecken einjagen. Zeig ihm, wer der Boss ist! Es ist eine Pfanne, genau wie die Stielpfanne, in der du schon tausend Mal gekocht hast. Der einzige Unterschied ist die Form. Der Wok ist etwas tiefer, der Boden ist manchmal gerundet, das ist aber auch schon alles. Auch hier gelten dieselben Prinzipien. Du schneidest das Fleisch und das Gemüse, bereitest die Würzmittel vor, erhitzst den Wok, gibst Öl hinein und brätst darin alles durch. Dabei brauchst du nicht einmal unbedingt einen asiatischen Wok! Du hast viele Pfannen, die dasselbe können wie ein Wok. Koche also jedes Rezept in diesem Kapitel in einer Kasserolle, Bratpfanne oder sogar einem Schmortopf. Ein Schmortopf ist tatsächlich mein liebster Wok-Ersatz für die heimische Küche. Er ist schwer, hat einen hohen Rand, hält die Wärme erstaunlich gut und hat einen flachen Boden, so dass er perfekt auf dem Herd steht.

Denke immer an dein persönliches Yum! Jedes Land handhabt die Balance der Aromen etwas anders. Die chinesische Allzwecksauce für Pfannengerichte ist nicht Sojasauce, sondern Austernsauce. Bei chinesischen Gerichten wie Lo Mein ist die Grundsauce also immer eine Austernsauce. Gib dann eine weitere Sauce hinzu, etwa Chili-Knoblauchsauce, und du hast ein Kung Pao gekocht. Bei thailändischen und vietnamesischen Gerichten, wie Pad Thai und Geschwenktem Rindfleisch, ist die Grundsauce immer eine Fischsauce. Bei japanischen und koreanischen Gerichten ist die Grundsauce immer Sojasauce. Wenn du die Grundwürze für jede spezielle Küche kennst, bist du auf dem besten Weg zu authentischen Aromen.

Die weiteren Grundlagen neben den Würzmitteln sind die Zubereitung und die Wärmezufuhr. Ich gebe bei jedem Rezept Tipps, die zu einem fantastischen Ergebnis führen. Wenn du jeden Tipp aufgreifst und übst, wirst du schon bald ein Meister im Wok-Kochen sein. Denke über jedes Rezept und die jeweiligen Kniffe nach wie Karate Kid Daniel LaRusso, der seine Aufgaben durch Mr. Miyagi lernte, dann wirst du schon bald feststellen, dass dir »Kung-Fu-Kampf« Kochen mit dem Wok Spaß macht. Beim Kochen mit dem Wok ist es wie mit den Kampfsportarten: Jeder kann einen Faustschlag oder Fußtritt richtig platzieren, aber je mehr du übst und je mehr Feinheiten du verstehst, desto besser wirst du kochen und desto mehr wirst du wissen. Und dann wirst du auch bald jeden Unsinn bei Wok-Rezepten weglassen, der dir begegnet.

Chili-Rind mit Thai-Basilikum (Pad Kra Pao)

Dies ist eines der beliebtesten Streetfood-Gerichte in Thailand. Außerdem ist es eine Zubereitungsmethode, etwa so, wie eine bestimmte Zubereitung immer als Omelett bezeichnet wird. Ein Omelett basiert stets auf Eiern, während bei der Füllung variiert wird. Die Grundlagen dieses Gerichtes sind immer Thai-Basilikum, Knoblauch, Chilis, Paprika und Zwiebeln, die Proteine können jedoch nach Belieben variiert werden.

FÜR 4 PORTIONEN

3 EL (45 ml) süße Sojasauce

2 EL (30 ml) Austernsauce

4 EL (60 ml) Fischsauce

2 EL (30 g) Chilipaste in Sojaöl

3 EL (45 ml) Pflanzenöl

3 Knoblauchzehen, fein gehackt

1–3 Serrano- oder Thai-Chilis, in Streifen geschnitten

720 g mageres Rinderhack

1 mittelgroße Zwiebel, in Scheiben geschnitten

1 kleine rote Paprikaschote, in Streifen geschnitten

35 g Thai-Basilikumblätter, vom Stiel gezupft

½ TL weißer Pfeffer

Sojasauce, Austernsauce, Fischsauce und Chilipaste in einer kleinen Schüssel mischen und beiseite stellen.

Den Wok oder eine große Pfanne bei starker Hitze erhitzen und das Pflanzenöl hineingeben. Sobald sich weißer Rauch bildet, Knoblauch und Chilis dazugeben. Etwa 30 Sekunden anbraten, bis der Knoblauch leicht bräunt.

Das Hackfleisch unterrühren, flach gegen den Boden und die Seiten streichen und etwa 45 Sekunden anbraten lassen, ohne zu rühren. Das Fleisch wird leicht bräunen. Einmal wenden, wieder gegen Boden und Seiten streichen und weitere 30 Sekunden anbraten. Das Fleisch zu groben Krümeln zerteilen und überschüssige Flüssigkeit abgießen.

Zwiebel und Paprika unterrühren und etwa 1 Minute mitbraten. Die beiseite gestellte Sauce in den Wok gießen und alle Zutaten etwa 1 Minute lang gründlich vermischen. Weitergaren, bis das Fleisch gut durch ist und die Zwiebeln beginnen, weich zu werden. Zum Schluss mit Thai-Basilikum und weißem Pfeffer würzen.

Profi-Tipp: **Ersatzweise eignen sich für dieses Gericht jegliches Fleisch oder Meeresfrüchte, wie dies in Thailand auch üblich ist. Hühner- oder Schweinehack schmecken fantastisch. Mit ein oder zwei Spiegeleiern mit noch flüssigem Eigelb belegt und auf Jasminreis serviert, ist dies eine perfekte Mahlzeit!**

Gebratener Reis mit Ananas

Dieses Rezept kommt bei meiner Familie seit 40 Jahren auf den Tisch, und auch bei mir stand es bisher auf jeder Speisekarte, die ich geschrieben habe. Für mich ist gebratener Reis das perfekte Essen. Dabei hat man auf einem Teller vereint Reis, Eiweiß, Gemüse sowie Würz- und Aromastoffe. Was wünscht man sich mehr? Dies ist ein perfektes Beispiel für gebratenen Reis nach Thai-Art im Gegensatz zur chinesischen Art. Fischsauce ist die primäre Salzquelle, es werden keine Eier verwendet, und insgesamt ist es eine weniger trockene Version von gebratenem Reis.

FÜR 4 PORTIONEN

1 große Ananas

3 EL (45 ml) Pflanzenöl

2 EL (30 g) getr. Garnelen (Thai)

4–6 Knoblauchzehen, grob gehackt

3 EL (45 g) gewürfelte Schalotten

½ EL (8 g) fein gehackter Ingwer

95 g chinesische Würstchen, in dünne Scheiben geschnitten

4–6 mittelgroße Garnelen, geschält und geputzt

960 g Reis vom Vortag

2–3 EL (30–45 ml) Fischsauce

1–2 EL (15–30 ml) Thai-Sojabohnensauce

1 EL (15 g) Zucker

½ EL (8 g) Currypulver

2–3 Frühlingszwiebeln, gehackt

1 Prise weißer Pfeffer

3 EL (45 g) Korianderblätter

Die Ananas längs halbieren und in der Mitte aushöhlen, um eine Art Schüssel zu bilden. 165 g Ananasstücke in mittelgroße Würfel schneiden und für die Reiszubereitung beiseite stellen.

In einer großen Pfanne oder einem Wok das Öl etwa 1 Minute erhitzen, bis sich weißer Rauch bildet. Getrocknete Garnelen, Knoblauch, Schalotten, Ingwer und die Wurstscheiben zugeben und unter ständigem Rühren ca. 3 Minuten anbraten, bis die Wurst knusprig wird.

Die Garnelen unterrühren und ca. 1 Minute braten, bis sie rosa werden. Den Reis unterheben, dabei darauf achten, dass die Reiskörner nicht brechen. Beim Rühren den Reis mit der flachen Seite des Spatels in kleinen Kreisbewegungen nach unten drücken. So werden die Reiskörner getrennt, ohne zu brechen. Eine weitere Minute braten, bis der Reis heiß wird.

Fischsauce, Sojabohnensauce, Zucker und Currypulver unterrühren. Eine Minute weiterrühren, bis alles gut gemischt ist. Die beiseite gestellten Ananaswürfel unterheben und noch 1–2 Minuten weiterrühren.

Die Frühlingszwiebeln und den weißen Pfeffer unterheben. Den gebratenen Reis in die Ananashälften füllen. Mit frischem Koriander garnieren.

Yang Chow – Gebratener Reis mit Ei

Gebratener Reis wird immer zu meinen Lieblingsgerichten gehören. Er war auch das erste Gericht, das meine Oma mir beigebracht hat. Seine Zubereitung ist trügerisch einfach, dennoch ist es schwierig, ihn wirklich gut hinzubekommen. Bekannt ist dieses Gericht auch als Gebratener Reis aus Yangzhou, nach der gleichnamigen Provinz, und es gibt zwei klassische Varianten. Bei der Methode »Mit Silber überzogenes Gold« wird zuerst das Ei gebraten, danach werden der Reis und die weiteren Zutaten darin geschwenkt. So bereitete meine Großmutter ihn in meinen Kindertagen zu. Als meine Karriere in Schwung kam und ich während meiner Zeit in Las Vegas mit einigen Meisterköchen arbeitete, lernte ich die Methode »Mit Gold überzogenes Silber«. Dabei gibt man den Reis in das flüssige Ei und brät alles zusammen. Ich stellte fest, dass der Reis dadurch wunderbar leicht und fluffig wird. Dieses Gericht ist die perfekte Metapher für meine Laufbahn.

FÜR 4 PORTIONEN

2 EL (30 ml) Rapsöl

2 Eier, geschlagen

450 g gekochter Langkorn- oder Jasminreis, auf Zimmertemperatur abgekühlt

95 g fein gewürfeltes, gekochtes chinesisches BBQ-Schweinefleisch

6 mittelgroße Garnelen, geschält und geputzt

½ TL koscheres Salz (grobkörniges Natursalz)

2 EL (30 ml) Sojasauce

1 TL gekörnte Hühnerbrühe

3 EL (45 ml) Austernsauce

½ TL Zucker

2–3 Frühlingszwiebeln, schräg in Scheiben geschnitten

1 Prise weißer Pfeffer

In einem großen Wok oder einer großen Pfanne das Öl bei starker Hitze erhitzen, bis sich weißer Rauch bildet. Die Eier hineingießen und sofort auch den Reis zugeben. Mit einem breiten Silikon- oder Holzspatel den Reis in Kreisbewegungen in die Eimasse einarbeiten, dabei darauf achten, die Reiskörner nicht zu brechen.

Nach etwa 30 Sekunden beginnt das Ei zu stocken und den Reis zu umhüllen. Schweinefleisch und Garnelen zugeben und 1–2 Minuten braten, bis die Garnelen nahezu durchgebraten sind. Weiter mit dem Spatel den Pfannenboden abkratzen und den Reis zur Pfannenmitte schieben.

Salz, Sojasauce, Brühe, Austernsauce und Zucker zugeben. Alle Würzmittel ca. 1 Minute in den Reis einarbeiten, bis dieser eine einheitliche Farbe hat. Ei- oder Reisstücke, die am Pfannenboden anhaften, unbesorgt abkratzen. Etwa 2 Minuten braten, bis der Reis die Saucen und das Ei aufgesaugt hat, aber noch locker und feucht ist.

Mit Frühlingszwiebeln und weißem Pfeffer bestreuen und beides vorsichtig unter den gebratenen Reis heben. Sofort servieren.

Gebratener Kimchi-Reis

Ein perfekter asiatischer Kneipenabend sieht so aus: mehrere Runden Bier, einige tolle Dumplings oder Mini-Burger und ein Riesenteller gebratener Kimchi-Reis. Die sauren und pikanten Aromen dieses reichhaltigen Reisgerichts passen perfekt zu kaltem Bier. Ich verwende hierfür gerne Rundkornreis, weil er besonders klebrig und weich ist. Sushi-Reis wird aus Rundkornreis gemacht. Kimchi-Reis bekommt man in vielen japanischen Kneipen, die auch als Izakaya bekannt sind.

FÜR 4 PORTIONEN

2 EL (30 ml) Öl zum Kochen

1 EL (15 ml) Sesamöl

2 Eier, leicht verschlagen

3 Knoblauchzehen, grob gehackt

½ kleine Zwiebel, gehackt

960 g gekochter Rundkornreis vom Vortag

240 g Kimchi, grob gehackt

½ TL Salz

3 EL (45 ml) Sojasauce

1 EL (15 g) Zucker

3 Frühlingszwiebeln, schräg in Scheiben geschnitten

1 TL weißer Pfeffer

In einer großen Pfanne die Öle erhitzen, bis sich ein leichter weißer Rauch bildet. Die Eier in die Pfanne geben und 1–2 Minuten verrühren, bis sie gestockt sind. Knoblauch und Zwiebelstückchen unterrühren und etwa 1 Minute braten, bis die Zwiebel glasig ist. Reis und Kimchi unterheben, dabei in kleinen Kreisbewegungen nach unten drücken, um die Reiskörner zu trennen.

Salz, Sojasauce und Zucker zugeben. Den Reis weitere 1–2 Minuten unterheben, dabei auch den am Pfannenboden festgeklebten Reis abkratzen. Etwa 1 Minute weiterbraten, bis der Reis die Saucen aufsaugt und an den Rändern knusprig wird.

Frühlingszwiebeln und weißen Pfeffer unterheben, noch 1 Minute braten. Sofort servieren.

Kung Pao Shrimp

Kung Pao stammt ursprünglich aus dem Südwesten Chinas und ist in den USA sehr beliebt. Die klassische Version enthält Erdnüsse, ich ersetze diese jedoch wegen ihrer Knackigkeit und ihres Aromas gerne durch Cashewkerne. Traditionell gehört eine Prise gemahlener Szechuanpfeffer dazu. Wer ihn hat, verwendet ihn, aber es schmeckt auch ohne sehr gut! Die Garnelen können durch jegliches Fleisch, Meeresfrüchte oder Tofu ersetzt werden.

FÜR 4 PORTIONEN

2 EL (30 ml) chinesische Chili-Knoblauchsauce, wer es gerne scharf mag, nimmt mehr davon

90 ml Austernsauce

1 TL Sesamöl

60 ml Hühnerbrühe oder Wasser

1 TL Maisstärke, aufgelöst in 1 TL Wasser

3 EL (45 ml) Pflanzen- oder Rapsöl

3 Knoblauchzehen, gehackt

4–6 ganze getr. Arbol-Chilischoten (oder eine ähnliche Sorte)

1,3 kg mittelgroße Garnelen, etwa 21–25 Stück, geschält und entdarmt

1 rote Paprikaschote, wie Pommes frites geschnitten

1 mittelgroße Zwiebel, in große Würfel geschnitten

150 g ganze geröstete Cashewkerne

1 Prise weißer Pfeffer

1 Prise gem. Szechuanpfeffer (optional)

3 Frühlingszwiebeln, schräg in Scheiben geschnitten

In einer kleinen Schüssel Chili-Knoblauchsauce, Austernsauce, Sesamöl, Hühnerbrühe und angerührte Stärke mischen und beiseite stellen.

Eine große Bratpfanne oder einen großen Wok bei starker Hitze etwa 1 Minute erhitzen. Sobald sich weißer Rauch bildet, Öl, Knoblauch und Chilis darin verrühren. Etwa 30 Sekunden rühren und alles vom Pfannenboden abkratzen, bis der Knoblauch leicht gebräunt ist.

Die Garnelen in die Pfanne geben und etwa 1 Minute ständig rühren, bis sie gerade beginnen, rosa zu werden und alles wunderbar duftet. Paprika, Zwiebel und Cashewkerne unterrühren und etwa 1 Minute braten, bis die Zwiebel glasig wird.

Sauce, eine Prise weißen Pfeffer und – falls verwendet – Szechuanpfeffer zugeben und alles zusammenrühren, bis die Sauce die Garnelen überzieht und eindickt. Noch etwa 1 Minute garen, bis die Garnelen durchgebraten sind.

Mit den Frühlingszwiebeln bestreuen, einmal gut durchrühren und genießen.

Profi-Tipps: Szechuanpfefferkörner oder gemahlener Szechuanpfeffer ist im Internet problemlos zu finden. Dieser Pfeffer ist unter verschiedenen weiteren Bezeichnungen bekannt (Bergpfeffer, Chinesischer Pfeffer, Anispfeffer ...) und hat ein fantastisches Aroma zwischen weißem Pfeffer und Pinienkernen. Zudem hat er den amüsanten Effekt, auf der Zunge zu prickeln und diese leicht taub zu machen. Wer keinen Szechuanpfeffer bekommt, lässt ihn einfach weg, das Gericht ist dennoch sehr schmackhaft!
Die Schärfe von Arbol-Chilischoten ist ähnlich der von Cayennepfeffer. Falls du Schärfe noch nicht gewohnt bist, nimm zu Beginn etwas weniger Chili und taste dich nach und nach an die angegebene Menge heran.

Mongolisches Rindfleisch

Dies ist ein weiteres in Amerika entstandenes chinesisches Gericht, das zum Wok-Repertoire gehört. Ich bin fest davon überzeugt, dass Gerichte wie das Mongolische Rindfleisch und die California Rolls, die ebenfalls in den USA entstanden sind, authentische Gerichte sind. Das Geheimnis von zartem Fleisch aus dem Wok ist die Marinade. Das wirst du in vielen meiner Rezepte feststellen. Natron macht das Fleisch zart, Maisstärke, die mit Wasser angerührt wird, ergibt einen halbflüssigen Brei, der das Natron transportiert, und Öl fettet das Fleisch vorab, sodass wir im Wok weniger Öl verwenden müssen.

FÜR 4–6 PORTIONEN

Rindfleisch

750 g Flanksteak (Rinderlappen), pariert

1 TL Natron

1 TL Salz

2 EL (16 g) Maisstärke

2 EL (30 ml) Wasser

2 EL (30 ml) Pflanzenöl

Sauce

1 TL fein gehackter Knoblauch

1 TL fein gehackter Ingwer

3 EL (45 ml) Austernsauce

3 EL (45 ml) Hoisin-Sauce

2 EL (30 ml) Sojasauce

3 TL (15 ml) Weißweinessig

½ EL (4 g) Maisstärke

Für die Pfanne

3 EL (45 ml) Pflanzenöl

3 Knoblauchzehen, fein gehackt

4–6 ganze getr. Chilischoten

½ rote Paprikaschote, in große Würfel geschnitten

½ grüne Paprikaschote, in große Würfel geschnitten

½ mittelgroße Zwiebel, in große Würfel geschnitten

Das Steakfleisch quer zur Faser in 2 cm dicke Scheiben und diese Scheiben dann in 2 cm große Würfel schneiden. Das Fleisch in eine flache Schüssel geben und Natron, Salz, Maisstärke, Wasser und Pflanzenöl zugeben. Alle Zutaten in das Fleisch einreiben. Bis zur weiteren Verwendung beiseite stellen oder auch zugedeckt ein paar Tage in den Kühlschrank stellen.

Alle Saucenzutaten in einer kleinen Schüssel mischen und beiseite stellen.

Das Öl in einem Wok oder einer mittelgroßen Sauteuse auf mittlerer Hitze erhitzen und darin den Knoblauch hellbraun braten. Das Fleisch unterrühren und etwa 30 Sekunden anbraten, ohne es zu bewegen. Rühren und alles vom Wokboden abkratzen und weitere 30 Sekunden braten. Chili, Paprikawürfel und Zwiebel unterrühren und etwa 2 Minuten braten, bis die Zwiebel glasig wird.

Die Sauce zugeben und unter ständigem Rühren etwa 2 Minuten kochen, bis die Sauce dicklich wird.

Die geschnittenen Frühlingszwiebeln unterrühren und servieren. Dazu passen perfekt chinesische Eiernudeln.

Profi-Tipp: **Die Schärfe von Arbol-Chilischoten ist ähnlich der von Cayennepfeffer. Falls du Schärfe noch nicht gewohnt bist, nimm zu Beginn etwas weniger Chili und taste dich nach und nach an die angegebene Menge heran.**

Karamellisiertes geschwenktes Rindfleisch

Dies ist meine Version des vietnamesischen Klassikers. Das Schwenken machst du mit der Pfanne während des Kochens. Es ist dieses Vor- und Zurückbewegen der Pfanne, damit das Fleisch sich mit der klebrigen, süßen und salzigen Sauce verbindet. Maggi ist eine Markensauce, die so gut wie überall erhältlich ist. Sie ähnelt im Prinzip der Sojasauce und ist mit Zucker und weiteren Würzmitteln angereichert. Falls du keine Maggi-Würzsauce im Haus hast, nimm eine andere Sojasauce.

FÜR 4–6 PORTIONEN

900 g Lenden-, Filet- oder Rib-Eye-Steak ohne Knochen, in 2,5 cm große Würfel geschnitten

10 Knoblauchzehen, fein gehackt, Menge aufgeteilt

1 EL (15 ml) Fischsauce

2 EL (30 ml) Maggi-Würzsauce

3 EL (42 g) Zucker

1 EL (15 ml) Pflanzenöl

2 EL (30 g) Butter

1 Prise schwarzer Pfeffer aus der Mühle

1 knuspriges Baguette

In einer Schüssel das Fleisch, die Hälfte vom Knoblauch, die Fischsauce, Maggi und Zucker mischen. Die Mischung bei Zimmertemperatur eine halbe Stunde stehen lassen. Es empfiehlt sich, die Dunstabzugshaube einzuschalten, denn es wird eine gewisse Rauchentwicklung geben.

Den Wok oder eine große Pfanne bei starker Hitze etwa 2 Minuten erhitzen. Wenn Wok oder Pfanne heiß sind, das Pflanzenöl hineingießen. Es wird zu rauchen beginnen. Gib sofort und aus SICHERER ENTFERNUNG die Marinade mit dem Fleisch dazu, um keine Ölspritzer abzubekommen. Die Pfanne vor und zurück schwenken, um das Fleisch scharf anzubraten und in Bewegung zu halten. Die restliche Hälfte Knoblauch zugeben und etwa 1 Minute weiter schwenken, bis das Fleisch von allen Seiten scharf angebraten, aber noch englisch ist (also roh im inneren Kern). Die Butter zugeben und eine weitere Minute schwenken. Die Butter wird schmelzen und sich mit den köstlichen Säften im Wok zu einer phänomenalen Pfannensauce verbinden!

Das Fleisch und alle Säfte aus der Pfanne auf Tellern anrichten und mit frisch gemahlenem Pfeffer würzen. Mit knusprigem Baguette servieren, um alles bis zum letzten Tropfen auftunken zu können.

General Tsos Chicken

Der menschliche Gaumen fühlt sich von der Kombination aus herzhaft, sauer, süß, salzig und scharf angezogen, und deshalb lieben wir dieses Gericht. Es ist ein Unterschied zwischen dem beliebten Sambal Oelek und der chinesischen Chili-Knoblauchsauce. Sambal ist leicht zu bekommen, jedoch doppelt so scharf wie die Chili-Knoblauchsauce.

FÜR 4 PORTIONEN

Sauce

90 ml Austernsauce

1 EL (15 ml) Hoisin-Sauce

1 EL (15 ml) Chili-Knoblauchsauce (oder ½ EL Sambal Oelek)

95 g Zucker

90 ml Weißweinessig

2 EL (30 ml) Sojasauce

½ EL (8 g) fein gehackter frischer Ingwer

½ EL (5 g) gehackter Knoblauch

1 EL (8 g) Maisstärke, verrührt mit 1 EL (15 ml) Wasser

1 Tropfen rote Lebensmittelfarbe (nach Belieben)

Huhn

1,8 l Pflanzenöl, plus 2 EL (30 ml) zum Braten

900 g Hühnerschenkel ohne Knochen, in 5 cm große Würfel geschnitten

335 g Tempura-Mehl, plus 225 g zum Bemehlen

240 ml kaltes Wasser

½ Zwiebel, in große Würfel geschnitten

10–12 ganze getr. Thai-Chilischoten

335 g Brokkoliröschen, 1 Minute in der Mikrowelle gedämpft

3 Frühlingszwiebeln, schräg in Scheiben geschnitten

Zubereitung der Sauce

Alle Saucenzutaten in einen Topf mit 1 l Fassungsvermögen geben und bei mittlerer Hitze erhitzen. Sobald die Sauce zu köcheln beginnt, vorsichtig mit einem Schneebesen schlagen. Weitere 5 Minuten köcheln lassen und dabei weiter schlagen, bis die Sauce eindickt. Vom Herd nehmen und beiseite stellen.

Zubereitung des Huhns

Das Öl in einem Schmortopf mit 4 l Fassungsvermögen auf 190 °C erhitzen, dafür ein Küchenthermometer verwenden. Das Hühnerfleisch unter kaltem Wasser abspülen und mit Küchenpapier trocken tupfen. 335 g Tempura-Mehl und 240 ml Wasser zu einem dicken Teig mischen. Er sollte aussehen wie Pfannkuchenteig. Die Fleischwürfel im Tempura-Mehl wälzen, überschüssiges Mehl abschütteln, anschließend in den Tempura-Teig tauchen. In zwei Portionen jeweils 6–8 Minuten braten, bis sie goldbraun und knusprig sind. Auf Küchenpapier oder einem Rost abtropfen lassen.

Einen Wok oder eine große Pfanne stark erhitzen und 2 EL (30 ml) Öl zugeben. Sobald sich weißer Rauch bildet, das gebratene Hühnerfleisch, Zwiebel, Chilis und Brokkoli zugeben und etwa 30 Sekunden braten. Die Sauce einrühren und das Fleisch davon überziehen lassen und zum Sieden bringen. Etwa 2 Minuten köcheln lassen, dabei alle Zutaten gut miteinander vermischen. Mit den Frühlingszwiebeln garnieren.

Salz-und-Pfeffer-Garnelen

Das klassische kantonesische Garnelen-Gericht, bei dem Köpfe und Schalen nicht entfernt werden. Ich weiß, dass manche sich bei dieser Vorstellung gruseln werden. Das Rezept wurde traditionell belassen; wem dies lieber ist, kann stattdessen auch geschälte Garnelen verwenden. Meiner Meinung nach haftet die Würze auf Schalen und Köpfen jedoch perfekt. Entscheide selbst, wie abenteuerlustig du bist, jedoch hoffe ich, dass du dieses Gericht probierst, denn es ist zum Verspeisen gedacht.

FÜR 4 PORTIONEN

2 TL (10 g) koscheres Salz (grobkörniges Natursalz)

1 EL (30 g) gekörnte Hühnerbrühe

½ TL weißer Pfeffer

2 EL (60 g) fein gehackte Frühlingszwiebeln

1 TL Zucker

600 g große Garnelen, ungeschält

115 g Maisstärke

1,8 l Pflanzenöl zum Frittieren plus 2 EL (30 ml) für die Pfanne

2 EL (20 g) fein gehackter Knoblauch

1 EL (10 g) fein gehackter Ingwer

1 rote Jalapeño-Chilischote, in dünne Streifen geschnitten, mit Kernen

In einer kleinen Schüssel Salz, gekörnte Hühnerbrühe, weißen Pfeffer, Frühlingszwiebeln und Zucker mischen und beiseite stellen.

Die Garnelen unter kaltem Wasser spülen, kurz in einem Sieb abtropfen lassen, die Feuchtigkeit jedoch nicht abtupfen, damit die Maisstärke für die Kruste gut aufgenommen wird.

Das Öl in einem Schmortopf oder Topf mit 6 l Fassungsvermögen auf 190 °C erhitzen (Küchenthermometer verwenden). Die Maisstärke in eine große Schüssel geben, die Garnelen darin wälzen, überschüssige Stärke abschütteln. Die Garnelen 2–3 Minuten in kleinen Portionen frittieren. Auf einem Backofenrost abtropfen lassen.

Während die Garnelen frittiert werden, eine große Pfanne oder einen großen Wok stark erhitzen. 2 EL Öl hineingeben. Sobald sich weißer Rauch bildet, Knoblauch, Ingwer und Chili etwa 30 Sekunden darin anbraten, bis alles leicht gebräunt ist.

Die frittierten Garnelen und die beiseite gestellte Zucker-Salz-Mischung untermischen. 1–2 Minuten ständig schwenken, bis die Garnelen mit der Würze überzogen sind. Sobald die Garnelen durcherhitzt sind, auf Tellern anrichten und mit knusprigen Stückchen aus der Pfanne garnieren.

Orangen-Hühnchen

Okay, du kannst mir vorwerfen, was du willst, aber du weißt selbst, dass du Orangen-Hühnchen liebst! Du kannst es als Junkfood bezeichnen, aber hin und wieder muss man einfach nachgeben. Jahrelang habe ich versucht, hinter dieses Rezept zu kommen, und finde, den Goldstandard dabei hat die Restaurantkette mit dem schwarz-weißen Bären, du weißt schon. Schließlich habe ich den Code jedoch geknackt, und hier ist das Ergebnis. Wenn du die Nuggets nicht von Grund auf zubereiten möchtest, bekommst du entsprechende Produkte problemlos in der Tiefkühlabteilung des Supermarkts.

FÜR 4 PORTIONEN

Sauce

120 ml Austernsauce

1 EL (15 ml) Hoisin-Sauce

90 ml Orangensaft

95 g Zucker

90 ml Weißweinessig

2 EL (30 ml) Sojasauce

½ EL (8 g) Paprikapulver

½ EL (4 g) fein gehackter Ingwer

2 Knoblauchzehen, fein gehackt

1 EL (8 g) Maisstärke, angerührt mit 1 EL (15 ml) Wasser

1 Tropfen rote Lebensmittelfarbe (nach Belieben)

Hühnchen

1,8 l Pflanzenöl zum Frittieren, plus 2 EL (30 ml) für die Pfanne

900 g Hühnerschenkel ohne Knochen, in 5 cm große Würfel geschnitten

335 g Tempura-Mehl und zusätzlich 225 g zum Bemehlen

240 ml kaltes Wasser

½ Zwiebel, in große Würfel geschnitten

4 Frühlingszwiebeln, in 5 cm lange Stücke geschnitten

Zubereitung der Sauce

Alle Saucenzutaten in einen Topf mit 1 l Fassungsvermögen geben und bei mittlerer Hitze erhitzen. Sobald die Sauce zu köcheln beginnt, vorsichtig mit einem Schneebesen schlagen. Weitere 5 Minuten köcheln lassen und dabei weiter schlagen, bis die Sauce eindickt. Vom Herd nehmen und beiseite stellen.

Zubereitung des Hühnchens

1,8 l Öl in einem Schmortopf mit 4 l Fassungsvermögen auf 190 °C erhitzen (Küchenthermometer verwenden). Das Hühnchen unter kaltem Wasser spülen und trocken tupfen. Tempura-Mehl und Wasser zu einem dicken Teig mischen. Er sollte aussehen wie Pfannkuchenteig. Die Fleischwürfel im Tempura-Mehl wälzen, überschüssiges Mehl abschütteln, dann in den Teig tauchen, sodass die Würfel mit einer dünnen Schicht bedeckt sind. In zwei Portionen in 6–8 Minuten goldbraun und knusprig frittieren. Auf Küchenpapier oder einem Rost abtropfen lassen.

Einen Wok oder eine große Pfanne stark erhitzen und 2 EL (30 ml) Öl hineingeben. Sobald sich weißer Rauch bildet, die Hühnchenwürfel, Zwiebel und Frühlingszwiebeln dazugeben und etwa 30 Sekunden unter Rühren braten. Die Sauce unterrühren und alle Zutaten damit überziehen und köcheln lassen. Alle Zutaten etwa 2 Minuten garen lassen und gründlich mischen. Auf heißem Reis servieren.

Rindfleisch mit Brokkoli

Dieses Gericht ist nicht nur ein chinesisch-amerikanischer Klassiker! Dies ist ein köstliches, schnell gekochtes Gericht, das dich zu einem Kochhelden machen wird. Ursprünglich wurde das Gericht mit Chinesischem Brokkoli (Kai-lan) zubereitet, und ich empfehle, dies nach Möglichkeit zumindest hin und wieder zu tun. Das Rezept ist aber auch eine gute Anleitung für die Zubereitung von anderem Gemüse mit Rindfleisch.

FÜR 4 PORTIONEN

450 g Brokkoliröschen

1 EL (15 ml) Sojasauce

1 TL Sesamöl

2 TL (4 g) Maisstärke, Menge aufgeteilt

1 TL Natron

450 g Flanksteak (Rinderlappen)

80 ml Rinder- oder Hühnerbrühe

2 TL (10 ml) Reiswein

60 ml Austernsauce

2 EL (30 ml) Pflanzenöl

2 Knoblauchzehen, fein gehackt

Den Brokkoli etwa 2 Minuten in kochendem Salzwasser blanchieren, bis er etwas weich und dunkelgrün wird. In Eiswasser abschrecken und gründlich abtropfen lassen.

In einer kleinen Schüssel Sojasauce, Sesamöl, 1 TL Maisstärke und Natron mit einem Schneebesen verschlagen. Das Rindfleisch quer zur Faser in Streifen schneiden und diese in die Marinade legen. Mindestens 20 Minuten oder über Nacht im Kühlschrank marinieren lassen.

In einer weiteren kleinen Schüssel Brühe, Reiswein, Austernsauce und den restlichen TL Maisstärke verrühren, bis sich die Stärke vollkommen aufgelöst hat.

Einen Wok oder eine große Pfanne bei starker Hitze erhitzen und das Öl hineingeben. Sobald sich weißer Rauch bildet, das marinierte Rindfleisch und den Knoblauch in den Wok geben. Etwa 1 Minute unter ständigem Schwenken anbraten, damit es von allen Seiten bräunt, aber noch englisch gebraten ist (also roh im inneren Kern). Sobald das Fleisch scharf angebraten ist, den Brokkoli zugeben und 1 weitere Minute braten. Die Sauce unterrühren und die Pfanne weiter schwenken, dabei alles vom Wokboden abkratzen, bevor es verbrennt. Sobald die Sauce sich nach etwa 1 Minute in eine hübsche dicke Glasur verwandelt hat, sofort servieren.

Profi-Tipp: **Wie ich es bei vielen meiner Pfannengerichte angebe, bereite auch dieses der Einfachheit halber in drei Etappen zu. Gewöhn es dir an, Fleisch vor dem Garen immer zu marinieren. So wird es wunderbar zart und ist von der Konsistenz und dem Geschmack her genau so wie bei deinem Lieblingschinesen. Anschließend mischt du die Saucen in einer Schüssel. Dann bleibt nur noch das Braten in der Pfanne!**

Feurig-scharfer Wasserspinat

Wasserspinat, auch bekannt als Ong choy oder Morning glory, zählt in vielen asiatischen Ländern beim Gemüse zu den Grundnahrungsmitteln. Er ist knackig, lecker, nährstoffreich, vor allem jedoch kommst du als Küchen-Ass heraus, wenn du ihn als Pfannengericht auf den Tisch bringst. In Bangkok gibt es einen bekannten Streetfood-Verkäufer, der dieses Gericht mit heftiger Flammenentwicklung auf einer Straßenseite zubereitet und es dann über die Straße zu seinem Partner schleudert, der es auf einem Teller fängt und am Tisch serviert. Du kannst den Wasserspinat auch durch dein Lieblingsgrüngemüse wie Spinat oder Brokkoli ersetzen.

FÜR 4 PORTIONEN

3 EL (45 ml) Pflanzenöl

3 Knoblauchzehen, fein gehackt

900 g Ong choy (Wasserspinat), gewaschen und in 10 cm lange Stücke geschnitten

2 EL (30 ml) Gelbe Bohnensauce (Yellow Bean Sauce)

3 EL (45 ml) Austernsauce

1–2 Thai-Chilischoten, in dünne Scheiben geschnitten

Das Öl in einer großen Pfanne oder einem Wok bei starker Hitze etwa 1 Minute erhitzen. Sobald sich weißer Rauch bildet, den Knoblauch darin in etwa 30 Sekunden goldbraun anbraten.

Wasserspinat, gelbe Bohnensauce, Austernsauce und Chili dazugeben. Alles ständig mischen und vom Boden abkratzen. 2–3 Minuten weiter rühren, bis der Wasserspinat etwas weich und kräftig grün ist.

Sofort servieren.

Profi-Tipp: **Gelbe Bohnensauce ist eine Thai-Sauce, die wie Sojasauce aus fermentierten Sojabohnen hergestellt wird. In der Sojasauce sind die Sojabohnen vollständig fermentiert, bis sie schwarz sind. Gelbe Bohnensauce wird mit Sojabohnen hergestellt, die nur teilweise fermentiert und nicht püriert sind.**

Szechuan-Rindfleisch

Zwar habe ich für dieses Rezept Flanksteak (Rinderlappen) angegeben, Filetsteak ist jedoch ebenfalls eine fantastische Wahl. Es kocht und isst sich besonders weich, wie Butter. Dieses Pfannengericht ist etwas trockener, da es ohne viel natürlichen Bratensaft zubereitet wird. Wer gerne viel Sauce hat, kann 60 ml Hühnerbrühe mit 1 TL Wasser und 1 TL Maisstärke zugeben. Füge die gebundene Brühe ganz am Ende dazu, dann hast du zu jedem Bissen eine köstliche Bratensauce.

FÜR 4 PORTIONEN

Szechuan-Sauce

3 EL (45 ml) Austernsauce

1 EL (15 ml) Chili-Knoblauchsauce

1 EL (15 g) Zucker

1 TL Sesamöl

1 TL gem. Szechuanpfeffer

½ TL Chiliflocken

¼ TL Salz

Szechuan-Rindfleisch

2 EL (30 ml) Erdnuss- oder Rapsöl

450 g Flanksteak, quer zur Faser in 7,5 cm lange dünne Streifen geschnitten

2 TL (10 g) fein gehackter Ingwer

2 Knoblauchzehen, fein gehackt

2 TL (10 ml) Shaoxing Reiswein oder Sherry

3 Selleriestangen, in 7,5 cm lange dünne Streifen geschnitten

2 Frühlingszwiebeln, in 5 cm lange Stücke geschnitten

Zubereitung der Sauce

In einer kleinen Schüssel die Saucenzutaten mischen und beiseite stellen.

Zubereitung des Szechuan-Rindfleisches

Den Wok oder eine große Pfanne bei starker Hitze erhitzen und das Öl hineingeben. Das Öl mit einem Spatel gleichmäßig verteilen. Sobald sich weißer Rauch bildet, Rindfleisch, Ingwer und Knoblauch hineingeben und etwa 1 Minute unter Rühren braten, bis das Rindfleisch englisch gebraten ist (der innere Kern also noch roh ist).

Reiswein oder Sherry zugießen und den Pfanneninhalt ablöschen. Den Alkohol verdunsten und vom Fleisch absorbieren lassen. Die Sauce untermischen und gründlich rühren, damit das Fleisch gut mit Sauce überzogen wird.

Sellerie zugeben und 20–30 Sekunden garen, bis er gerade weich wird. Dann die Frühlingszwiebeln zugeben und 1 weitere Minute erhitzen, bis sie durchgewärmt sind.

Schweinefleisch süßsauer mit Ananas

Süßsauer ist mehr als ein amerikanisiertes chinesisches Gericht. Es geht weit in die Geschichte Chinas zurück und stammt aus Hunan, wo es einfach als eine Sauce mit Essig und Zucker begann. Die bekannteste Version stammt aus Hongkong, und dies hier ist meine Variante der Sauce. Wenn die Lebensmittelfarbe abschreckend auf dich wirkt, lass sie einfach weg. Die Farbe trägt allerdings zum optischen Reiz des Gerichts bei.

FÜR 4 PORTIONEN

Süßsaure Sauce

3 EL (45 ml) Wasser

4 EL (50 g) Zucker

1 Tropfen rote Lebensmittelfarbe (nach Belieben)

3 EL (45 ml) Essig

90 ml Ketchup

3 EL (45 ml) Worcestershire-Sauce

1 EL (8 g) Maisstärke, angerührt mit 1 EL (15 ml) Wasser

Schweinefleisch

1,8 l Pflanzenöl zum Frittieren, plus 2 EL (30 ml) für die Pfanne

900 g Schweinelende oder -schulter, in 5 cm große Würfel geschnitten

335 g Tempura-Mehl und zusätzlich 225 g zum Bemehlen

240 ml kaltes Wasser

1 Zwiebel, in große Würfel geschnitten

1 rote Paprikaschote, in große Würfel geschnitten

1 Dose (565 g) Ananasstücke, abgetropft

3 Frühlingszwiebeln, schräg in dünne Scheiben geschnitten

Zubereitung der Sauce

Alle Zutaten für die Sauce in einen Topf mit 1 l Fassungsvermögen geben und bei mittlerer Hitze erhitzen. Sobald die Sauce zu köcheln beginnt, vorsichtig mit einem Schneebesen schlagen. Etwa 3 Minuten köcheln lassen und weiter schlagen, bis die Sauce eindickt. Vom Herd nehmen und beiseite stellen.

Zubereitung des Schweinefleisches

Das Öl in einem Schmortopf mit 4 l Fassungsvermögen auf 74 °C erhitzen (Küchenthermometer verwenden). Das Schweinefleisch unter kaltem Wasser spülen und trocken tupfen. 335 g Tempura-Mehl und Wasser zu einem dicken Teig verrühren. Er sollte aussehen wie Pfannkuchenteig. Die Schweinefleischwürfel in dem restlichen Tempura-Mehl wälzen, überschüssiges Mehl abschütteln. Fleischwürfel in den Tempura-Teig tauchen, sodass sie mit einer dünnen Schicht bedeckt sind, dann in zwei Portionen 6–8 Minuten goldbraun und knusprig frittieren. Auf Küchenpapier oder einem Rost abtropfen lassen.

Einen Wok oder eine große Pfanne bei starker Hitze erhitzen und 2 EL (30 ml) Öl hineingeben. Sobald sich weißer Rauch bildet, das frittierte Schweinefleisch, Zwiebel, Paprika und Ananas hineingeben und etwa 30 Sekunden braten. Die Sauce einrühren und alles überziehen und köcheln lassen. Etwa 2 Minuten garen, dabei die Zutaten mischen, bis alles von der Sauce überzogen ist. Mit Frühlingszwiebeln garnieren.

Grüne Bohnen nach Szechuan-Art

Diese Zubereitungsmethode für die Bohnen wird als doppeltes Kochen bezeichnet. Chinesen blitzbraten Zutaten, um sie vorzugaren, und stellen das Rezept dann im Wok fertig. Das ist vergleichbar mit dem Blanchieren von Brokkoli oder Bohnen, um dem Gemüse den kruden Geschmack zu nehmen und als Starthilfe für den Garvorgang zu dienen, weil das Kochen im Wok so schnell geht. Ich koche und frittiere im Wok gerne mit einem Öl, das hohe Temperaturen verträgt und geschmacklich neutral ist. Pflanzen-, Maiskeim-, Raps- oder Sojaöl sind meine Favoriten. Wer es etwas ausgefallener liebt, kann auch gern zu Traubenkernöl greifen. Für das erste Frittieren stelle ich einen großen Schmortopf auf den Herd und fülle ihn mit etwa 10 cm Öl. Während du die Bohnen frittierst, kannst du den Wok bereits aufheizen, sodass du sofort mit dem Pfannenrühren weitermachen kannst.

FÜR 4 PORTIONEN

Sauce

2 EL (30 ml) Hoisin-Sauce

2 EL (30 ml) Austernsauce

2 EL (30 ml) Chinesischer Reiswein oder trockener Sherry

1½ EL (20 g) brauner Zucker

1 TL Chili-Knoblauchsauce

Grüne Bohnen

450 g grüne Bohnen, geputzt

960 ml Raps- oder Erdnussöl

200 g Maisstärke zum Bemehlen

2 EL (30 g) Tianjin konserviertes Gemüse oder jegliches konserviertes chinesisches Gemüse (nach Belieben)

2 EL (20 g) gehackter Knoblauch

2 EL (18 g) gehackter Ingwer

Zubereitung der Sauce

Die Zutaten für die Sauce in einer kleinen Schüssel mischen und beiseite stellen.

Zubereitung der grünen Bohnen

Die grünen Bohnen waschen und gründlich abtropfen lassen.

Das Öl in eine tiefe Pfanne geben und auf 190 °C erhitzen (Küchenthermometer verwenden). Die Bohnen in einer großen Schüssel mit Maisstärke bemehlen, überschüssige Stärke abschütteln.

Die Bohnen 1–3 Minuten frittieren, bis ihre Haut schrumplig wird, sie aber noch knusprig sind. Aus dem Öl nehmen und auf Küchenpapier abtropfen lassen.

Eine andere tiefe Pfanne oder einen Wok bei starker Hitze erhitzen und 2 EL (30 ml) von dem Frittieröl hineingeben. Sobald sich weißer Rauch bildet, das konservierte Gemüse, Knoblauch und Ingwer hineingeben und 30 Sekunden anbräunen, bis ein feines Aroma aufsteigt. Die Bohnen dazugeben und etwa 30 Sekunden alle Zutaten ständig mischen. Die Sauce unterrühren und gut mit den Bohnen mischen. Etwa 1 Minute garen, bis alle Zutaten gründlich vermengt sind.

Pikantes Schweinefleisch mit Erdnüssen

Der Westen Chinas ist warm, reich und fruchtbar, hier wachsen die besten Chilischoten des Landes. Es verwundert daher nicht, dass Gerichte wie Kung Pao und Szechuan von hier stammen. Erdnüsse sind eine Zutat aus der Neuen Welt, deren Ursprung wahrscheinlich in oder um Brasilien liegt. Sie wurden nach China gebracht und gedeihen ebenfalls in dieser Region. Dieses Gericht habe ich kreiert, weil darin alles enthalten ist, was ich an dieser Gegend liebe.

FÜR 4 PORTIONEN

Sauce

3 EL (45 ml) Austernsauce

1 EL (15 ml) Chili-Knoblauchsauce

1 EL (15 g) Zucker

1 TL Sesamöl

6–8 ganze getr. Chilischoten

¼ TL Salz

Schweinefleisch

900 g Schweineschulter oder -lende

1 TL Natron

1 TL Salz

2 EL (16 g) Maisstärke

2 EL (30 ml) Wasser

2 EL (30 ml) Pflanzenöl

1 EL (15 ml) Rapsöl

2 Knoblauchzehen, fein gehackt

180 g grüne Paprikaschoten, in Stäbchen geschnitten

240 g rote Paprikaschoten, in Stäbchen geschnitten

240 g Zwiebeln, in Stäbchen geschnitten

10 g getr. rote Chilischoten

50 g trocken geröstete Erdnüsse

Zubereitung der Sauce

Alle Zutaten für die Sauce in einer kleinen Schüssel mischen und beiseite stellen.

Zubereitung des Schweinefleisches

Das Schweinefleisch quer zur Faser in 6 mm dicke Scheiben schneiden. Das Fleisch in eine flache Schüssel legen und Natron, Salz, Maisstärke, Wasser und Pflanzenöl zugeben. Alle Zutaten mischen und in das Fleisch einreiben. Bis zur weiteren Verarbeitung beiseite stellen oder zugedeckt im Kühlschrank ein paar Tage ruhen lassen.

Das Rapsöl in einem Wok oder einer mittelgroßen Sauteuse auf mittlerer Hitze erhitzen. Sobald sich weißer Rauch bildet, den Knoblauch hellbraun anbraten. Das Fleisch zugeben und etwa 30 Sekunden anbraten, ohne es zu bewegen. Weitere 30 Sekunden rühren und alles vom Wokboden abkratzen. Paprika, Zwiebel, rote Chili und Erdnüsse dazugeben und etwa 2 Minuten anbraten, bis die Zwiebeln glasig werden.

Die Sauce zugeben, unter ständigem Rühren 1 weitere Minute kochen lassen, bis die Zutaten heiß und gut vermengt sind. Sofort servieren.

Profi-Tipp: **Falls du Schärfe noch nicht gewohnt bist, nimm zu Beginn etwas weniger Chili und taste dich nach und nach an die angegebene Menge heran**

California Fried Rice

Ein herrliches Rezept für veganen gebratenen Reis. Sojabohnensauce ist die thailändische Version der Sojasauce. Der Geschmack ist süßer und herzhafter als bei der japanischen Version. Du kannst auch Maggi-Würzsauce verwenden, die genauso schmeckt und einfacher zu bekommen ist. Online findest du auch eine vegetarische Austernsauce, durch die sich die übliche Austernsauce bestens ersetzen lässt.

FÜR 2–4 PORTIONEN

2 EL (30 ml) Speiseöl zum Braten

2 Knoblauchzehen, grob gehackt

960 g gekochter brauner Reis vom Vortag

95 g geschälte Edamame

50 g TK-Erbsen und TK-Karotten

85 g Tofu, in mittelgroße Würfel geschnitten

2 EL (30 ml) Thai-Sojabohnensauce (Maggi oder Golden Mountain)

2 EL (30 ml) vegetarische Austernsauce (nach Belieben)

1 Prise Salz

½ EL (8 g) Zucker

2–3 Frühlingszwiebeln, gehackt

1 Prise weißer Pfeffer

In einer großen Pfanne oder einem Wok das Öl erhitzen, bis sich leichter weißer Rauch bildet. Den Knoblauch unter Rühren darin etwa 30 Sekunden hellbraun braten. Reis, Edamame, Erbsen, Karotten und Tofu untermischen und in kleinen Kreisbewegungen gegen den Boden drücken, um die Reiskörner zu trennen. Sojabohnensauce, vegetarische Austernsauce, Salz und Zucker unterrühren und mischen, bis alle Zutaten gut vermengt sind. Du kannst unbesorgt Reis oder andere Stücke vom Pfannenboden abkratzen. Etwa 1 Minute garen, bis der Reis alle Flüssigkeiten aufgenommen hat und an den Rändern leicht knusprig wird.

Frühlingszwiebeln und weißen Pfeffer untermischen und den Reis noch 1 Minute braten.

Buddha's Delight – Köstliches Gemüse

Zu manchen Zeiten gelüstet es mich nach einem Wok voller Gemüse, dann bereite ich Buddhas Gemüse-Köstlichkeit zu. Das Gericht ist voller verschiedener Texturen und Aromen. Sollte etwas dabei sein, was du nicht magst, lass es weg und ersetz es durch etwas, was du liebst. Ein leichtes, gesundes, aber sehr aromatisches Gemüsegericht aus der Pfanne.

FÜR 4 PORTIONEN

Sauce

90 ml Gemüsebrühe

3 EL (45 ml) Austernsauce

1 EL (15 ml) Sojasauce

½ TL brauner Zucker

1 TL Sesamöl

1 TL Maisstärke

1 Prise weißer Pfeffer

Pfannengerührtes Gemüse

2 EL (30 ml) Pflanzenöl

1 Packung (420 g) fester Tofu, in große Würfel geschnitten

2 TL (10 g) in dünne Scheiben geschnittener Ingwer

12 Egerlinge, in Scheiben geschnitten

95 g Bambussprossen aus der Dose, in Scheiben geschnitten

6 Wasserkastanien aus der Dose, in Scheiben geschnitten

240 g Mungbohnensprossen

120 g Karotten, in feine Streifen geschnitten

240 g Chinakohlblätter, in Streifen geschnitten

95 g Zuckerschoten, geputzt

Zubereitung der Sauce

Alle Zutaten in einer kleinen Schüssel verrühren. Dabei darauf achten, dass sich die Speisestärke gut auflöst. Beiseite stellen.

Zubereitung des pfannengerührten Gemüses

Einen Wok oder eine große Pfanne bei mittlerer bis hoher Temperatur erhitzen. 2 EL (30 ml) Öl in den erhitzten Wok geben und diesen schwenken, um das Öl gut zu verteilen. Sobald sich weißer Rauch bildet, den Tofu zugeben und unter Rühren etwa 2 Minuten braten, bis er an den Rändern hellbraun wird. Anschließend den Ingwer zugeben und unter Rühren etwa 30 Sekunden braten, bis sich sein Aroma entwickelt. Das gesamte restliche Gemüse zugeben und unter ständigem Rühren anbraten. Immer wieder alles vom Pfannenboden abkratzen und das Gemüse häufig wenden. 1–2 Minuten braten, bis der Chinakohl kräftig grün und weich wird.

Die Sauce einrühren, das Gemüse und den Tofu damit überziehen und aufkochen lassen. Die Maisstärke wird nach etwa 1 Minute zu einer Glasur eindicken. Vom Herd nehmen und sofort servieren.

Profi-Tipps: **Alle größeren Gemüsesorten in 6 mm lange Streifen schneiden und kleineres Gemüse wie die Zuckerschoten und Bohnensprossen ganz lassen.**
Am besten für den Wok geeignet ist vakuumverpackter Tofu, nicht der Tofu in Wasser. Bei diesem Tofu hat sich von selbst eine Haut gebildet und er setzt im Wok oder der Pfanne nicht an. Es gibt diesen Tofu natur, gebraten, mit Sojasauce überzogen oder mit einer Fünf-Gewürze-Glasur. Normalerweise ist dieser Tofu in der Delikatessenabteilung eines gut sortierten Lebensmittelgeschäfts und gelegentlich beim Käse und Aufschnitt zu finden. Tofu in Wasser sollte nur für nasse Zubereitungen wie Suppen oder Geschmortes verwendet werden.

Gegrillt, gebraten und weitere Fleischgerichte

Eindeutig am liebsten koche ich Fleischgerichte. Hier stelle ich einige meiner Lieblingsgerichte vor – zum Essen wie zum Kochen. Du wirst sie alle lieben, von Klassikern wie Satay und BBQ-Hühnchen bis zu meinen eigenen Kreationen wie den Koreanischen Tacos.

Fleisch und Meeresfrüchte perfekt zu kochen, ist eine Kunst und gehört zu meinen Lieblingsbeschäftigungen. Man sieht viele Köche, die sich bemühen, bei jedem Stück Fleisch Farbe und Temperatur perfekt hinzubekommen. Man sieht, wie sie ihr Fleisch drücken und hineinstechen, um festzustellen, wann es perfekt gegart ist. Das Lernen und Verstehen dieser Vorgänge nimmt viel Zeit in Anspruch. Nachfolgend einige meiner besten Tipps und Tricks, die dir helfen werden, diese Lernkurve zu deinen Gunsten abzuflachen. Vergiss nicht, dass Grillen nicht nur eine Zubereitung über offenem Holz- oder Gasfeuer bedeutet, sondern auch für Herd und Grillpfanne gilt.

Heiz den Grill immer vor, bürste ihn trocken ab, um Ablagerungen zu entfernen, und fette ihn anschließend so ein wie eine Pfanne. Dies trägt zu einer tollen Grillmarkierung bei. Bedenke, dass nur eine Seite auf dem Teller zu sehen sein wird. Arbeite also daran, diese Seite fantastisch aussehen zu lassen! Wenn es lecker aussieht und die Temperatur stimmt, hast du die Schlacht gewonnen. Die einzige Möglichkeit, den Garzustand genau zu bestimmen, ist über die Temperatur. Nachfolgend die Kerntemperaturen für Fleischzubereitungen:

Rindfleisch englisch gebraten 52 °C, jeweils 4 °C mehr entsprechen der nächsten Garstufe.

Lamm englisch gebraten 53°C

Huhn muss immer bei 74 °C gegart werden.

Als Carry-over-Effekt wird das Phänomen des Nachgarens bezeichnet, das heißt, die Fleischtemperatur steigt noch, nachdem das Fleisch vom Herd oder Grill genommen wird. Je höher die Koch- oder Brattemperatur und je größer das Fleischstück, desto größer ist der Carry-over-Effekt. Gehe von 1–3 °C bei kleinen gegrillten Fleischstücken aus und von 5–8 °C bei großen Stücken, die länger gegart werden.

Versuche, das Fleisch vor dem Braten auf Zimmertemperatur zu bringen, so gart es gleichmäßiger. Wenn du Fleisch direkt aus dem Kühlschrank auf den Grill legst, wird es nicht gleichmäßig durchgegart. Außen verbrennt es, bevor es in der Mitte die Zieltemperatur erreicht. Lass Marinaden die Zeit, in Ruhe ihre Aufgabe zu erfüllen, in das Fleisch einzudringen, und tupfe überschüssige Marinade vor dem Grillen oder Braten ab, damit das Fleisch nicht verbrennt. Wenn du diese kleinen Tipps berücksichtigst, bist du auf einem guten Weg, zu grillen wie ein Meister!

Thai BBQ-Chicken mit süßer Chilisauce

Das Geheimnis eines saftigen, zarten und gleichmäßig gegarten Thai-Barbecue-Hähnchens ist, es im Backofen zu braten und dann erst auf den Grill zu legen. Wenn du versuchst, ein rohes Hühnchen direkt zu grillen, könntest du dich hinterher in den Allerwertesten beißen. Wird der Vogel in zwei Hälften gebraten, gart er gleichmäßig, schließt die Säfte ein, und die Marinade führt zu einem intensiveren Aroma. Zudem erleichtert es das Ratespiel, ob der Vogel auf eine sichere Temperatur erhitzt wurde. Brate ihn, bis die Kerntemperatur 74 °C beträgt, lass ihn dann ruhen und grill ihn fertig, um anschließend für eine schöne Grillmarkierung und Aroma zu sorgen.

FÜR 8 HÜHNCHENTEILE

1 Hühnchen (1,6 kg)

2 EL (30 g) fein gehackter Ingwer

2 EL (30 g) fein gehacktes Zitronengras

1 EL (3 g) fein gehackte Korianderblätter und -stängel

2 Knoblauchzehen, fein gehackt

2 TL (10 g) weißer Pfeffer

60 ml dünne Sojasauce

1 EL (15 g) Zucker

2 EL (30 g) Currypulver

240 ml Kokosmilch

süße Chilisauce als Dip

Das Huhn der Länge nach halbieren. Mit einer Gabel Löcher in das Fleisch stechen und es in einen Zipper-Gefrierbeutel mit 4 l Fassungsvermögen geben. Die übrigen Zutaten mit Ausnahme der süßen Chilisauce in einen Mixer geben und glatt mixen.

Die Marinademischung über das Huhn gießen und alles gleichmäßig damit überziehen. Den Beutel verschließen und den Vogel gut massieren. Das Huhn im dicht verschlossenen Beutel im Kühlschrank mindestens 4 Stunden oder über Nacht marinieren lassen.

Den Backofen auf 190 °C vorheizen und einen Rost in die Einschubleiste unter der Mittelleiste schieben. Die Huhnhälften mit der Haut nach oben auf ein mit Alufolie ausgelegtes Backblech legen und etwa 45 Minuten zum Braten auf den Rost stellen, bis das Küchenthermometer im fleischigen Teil des Schenkels 71 °C anzeigt. Aus dem Ofen nehmen und mindestens 10 Minuten ruhen lassen. Du kannst jede Hälte vierteln und servieren! Du kannst das Huhn auch noch grillen, damit es eine Grillmarkierung und noch mehr Aroma bekommt. In jedem Fall mit süßer Chilisauce servieren.

Teriyaki-Lachs

Dieses Rezept gehört zu meinem festen Repertoire. Mein Vorratsschrank enthält immer die Basics wie Sojasauce und Mirin. Solltest du keinen Sake zur Hand haben, ersetze ihn durch Sherry oder Weißwein. Teri bedeutet »Glasur« oder »Sauce« und yaki bedeutet »Grill«. Traditionell wird ein Stück Fisch über Hartholzkohle gegrillt und anschließend mit einer leckeren Sauce glasiert, die süß, salzig und sehr pikant ist. Dies ist eine japanische, selbst gekochte Version, bei der alles in einer einzigen Pfanne zubereitet wird. Ich bin davon überzeugt, dass du Saucen zubereiten kannst, die besser sind als fertig gekaufte. Bei dem Rezept für eine Teriyaki-Sauce können die Zutaten vervielfacht, in einer Flasche zusammengeschüttelt und bis zum Gebrauch im Kühlschrank aufbewahrt werden.

FÜR 4–6 PORTIONEN

Teriyaki-Sauce

60 ml Sake

90 ml Mirin

120 ml Sojasauce

3 EL (45 g) Zucker

1 EL (8 g) Maisstärke, angerührt mit 1 EL (15 ml) Wasser

Teriyaki-Lachs

910 g Lachsfilet, entgrätet und abgeschuppt, in 8 cm große Stücke geschnitten

Salz und Pfeffer

2 EL (30 ml) Pflanzenöl

Zubereitung der Teriyaki-Sauce

Alle Zutaten in einem kleinen Topf mischen und bei mittlerer Hitze zum Köcheln bringen. 1–2 Minuten mit dem Schneebesen schlagen, bis sich der Zucker aufgelöst hat und die Sauce Blasen wirft und leicht eindickt. Passende Menge für den Lachs beiseite stellen, Reste im Kühlschrank aufbewahren.

Zubereitung des Lachses

Den Fisch waschen, mit Küchenpapier trocken tupfen, salzen und pfeffern.

Das Pflanzenöl in einer mittelgroßen Pfanne mit schwerem Boden bei mittlerer Hitze erhitzen. Sobald sich weißer Rauch bildet, die Fischfilets mit der Haut nach unten in die Pfanne legen. Den Fisch ständig bewegen, damit er nicht am Boden festklebt. Wenn der Fisch nach 4–6 Minuten halb durch ist, mit einem Spatel ein einziges Mal wenden.

Von der anderen Seite noch 1 Minute braten. Die Teriyaki-Sauce in die Pfanne geben und die Wärmezufuhr auf niedrig reduzieren. Die Sauce wird zu köcheln beginnen und reduzieren. Die Pfanne ein paar Mal schwenken und den Fisch wenden, bis er gut mit Sauce überzogen ist.

Den Fisch auf Tellern anrichten. Die verbliebene Sauce weiter erhitzen und etwa 1 Minute rühren, um die Pfanne abzulöschen und der Sauce Glanz zu verleihen. Einige Esslöffel der Sauce über dem Fisch verteilen. Mit Reis servieren.

Pork Satay wie vom Straßenimbiss

Satay stammt in seiner beliebtesten Form ursprünglich aus Java (Indonesien), viele Nahrungshistoriker glauben jedoch, dass es seine Wurzeln im arabischen Shish Kebab hat. Viele Jahrhunderte lang haben sich die Araber bis Indien und schließlich bis zu den Westindischen Inseln durchgeschlagen. Dieses Gericht ist so großartig, weil es von jeder Kultur auf diesem Weg etwas aufgegriffen hat. Die Praxis, Gerichte auf Spießen zu braten, kommt aus dem Mittleren Osten. Kurkuma stammte von den Gewürzhändlern. Erdnüsse kamen aus der Neuen Welt und wurden nach Asien transportiert. Ich mag diese Thai-Version wegen ihrer Vielfalt und ihres intensiven Aromas am liebsten.

FÜR 10–12 SPIESSE

1 EL (15 g) Currypulver

½ EL (8 g) Pfeffer

1 EL (15 g) Salz

1 EL (15 g) Zucker

1 TL Knoblauchpulver oder mehr, nach Geschmack

60 ml Kokosmilch

900 g Schweineschulter oder -lende

10–12 15 cm lange Bambusspieße, eingeweicht

etwas Öl für den Grill

Erdnusssauce (Seite 179) zum Servieren

Für die Marinade Currypulver, Pfeffer, Salz, Zucker, Knoblauchpulver und Kokosmilch in einer mittelgroßen Schüssel mischen.

Das Schweinefleisch quer zur Faser in 5 cm große, 6 mm dicke Quadrate schneiden. In die Marinade legen und gleichmäßig damit einreiben. Entweder das Fleisch sofort braten oder es über Nacht marinieren lassen, um es noch aromatischer und zarter werden zu lassen. Das Fleisch auf die Bambusspieße stecken, am Ende jeweils 5 cm frei lassen.

Einen Grill oder eine Grillpfanne stark erhitzen und mindestens 5 Minuten vorheizen. Den Grill mit etwas Öl einreiben oder mit einem Pfannenspray einsprühen. Das Fleisch von der ersten Seite 3–5 Minuten grillen, bis es schön braun ist. Wenden und von der anderen Seite weitere 3–5 Minuten grillen, bis es gerade durch ist. Mit Erdnusssauce servieren.

Koreanische BBQ Short Ribs mit Cola

Das klassische koreanische Barbecue-Rezept mit einer Überraschung. Ich habe nämlich das Geheimnis zarter gegrillter Querrippen gelernt: die Verwendung von Asiatischer Apfelbirne und Coca-Cola©. Beides trägt dazu bei, das Rindfleisch mürbe zu machen. Dieses klassische dünne Querrippenstück mit drei Knochen wird quer zu den Rippen geschnitten; jede Fleischscheibe trägt also ein paar Stücke Knochen. Falls du es in einem Asiamarkt nicht bekommst, geh zu einem Metzger und bitte um 1,3 cm dicke Querrippenstücke. KBBQ-Profis wie ich mögen eine Konsistenz mit etwas Biss, diese Vorliebe wird jedoch nicht von allen geteilt. Wenn du bei dem Gedanken zusammenzuckst, nimm ein Rindersteak wie Flanksteak, Clubsteak oder sogar Rib-Eye-Steak. Dieses Rezept kann für sich selbst oder mit Reis oder einer Reis-Getreide-Mischung serviert werden. Mit etwas Gochujang (scharfe Gewürzpaste) oder Chilisauce wird das Rezept pikant.

FÜR 4 PORTIONEN

60 ml Sojasauce (ich bevorzuge die normale Version, natriumarm ist aber ebenfalls gut)

60 ml Coca-Cola©

3 EL (40 g) brauner Zucker (beim Abmessen mit Löffel den Zucker gut zusammendrücken)

2 Knoblauchzehen, fein gehackt

½ Asiatische Apfelbirne, gerieben

1 EL (15 ml) geröstetes Sesamöl

900 g quer zu den Rippen geschnittene Querrippe

2 Frühlingszwiebeln, quer in sehr dünne Scheiben geschnitten

1 EL (12 g) geröstete Sesamsamen

Sojasauce, Cola, braunen Zucker, Knoblauch, Apfelbirne und Sesamöl in einer großen Schüssel mischen. Mit einem Schneebesen oder einer Gabel alle Zutaten verrühren, bis sich der Zucker aufgelöst und der Knoblauch gleichmäßig verteilt hat. Das Fleisch dazugeben und die Marinade ins Fleisch einreiben. Zugedeckt 1–4 Stunden marinieren lassen.

Einen Grill oder eine Grillpfanne mindestens 5 Minuten bei starker Hitze erhitzen. Bei Verwendung eines Holzkohle- oder Gasgrills, direkt vor dem Grillen den Rost mit einem leicht geölten Tuch abwischen, um Kohle- und sonstige Reste zu entfernen. So bekommt das Fleisch tolle Grillmarkierungen und klebt nicht am Grill fest.

Überschüssige Marinade abtupfen und das Fleisch von jeder Seite etwa 4 Minuten grillen bis zur gewünschten Garstufe. Vom Grill nehmen und mit Frühlingszwiebeln und Sesamsamen garnieren.

Bulgogi – Sesamrind

Ein Klassiker der koreanischen Barbecue-Gerichte und zusätzlich eine schöne Ergänzung für andere Gerichte wie Bibimbap oder Mischgerichte wie koreanische Tacos und Quesadillas. Das Geheimnis für das Aufschneiden von Fleisch in hauchdünne Scheiben besteht darin, das Fleisch etwa 3 Stunden einzufrieren, bis es halbfest ist. So ist es noch immer biegsam, aber schön schnittfest. In koreanischen Supermärkten kannst du auch vorgeschnittenes Rindfleisch kaufen. Die Marinade eignet sich auch bestens für ein Rib-Eye-Steak, Clubsteak oder Filetsteak auf koreanische Art.

FÜR 4 PORTIONEN

675 g Rib-Eye-Steak

450 ml Sojasauce

1 EL (15 ml) Sesamöl

1 EL (12 g) Sesamsamen, geröstet

3 Knoblauchzehen, fein gehackt

3 EL (45 g) Kristallzucker, brauner Zucker oder Honig

2 Frühlingszwiebeln, in Scheiben geschnitten

60 ml Wasser

2 EL (30 ml) Pflanzenöl zum Braten

Das Rindfleisch in 3 mm dicke Scheiben und diese anschließend in mundgerechte Stücke schneiden.

Alle restlichen Zutaten mit Ausnahme des Wassers in eine große Schüssel geben und vermischen, bis der Zucker sich aufgelöst hat.

60 ml Wasser zu der Mischung dazugießen, rühren und das Fleisch hineinlegen. Mindestens 3 Stunden oder über Nacht marinieren lassen.

Eine große Pfanne stark erhitzen und das Öl hineingeben. Sobald sich weißer Rauch bildet, das Fleisch in die Pfanne geben. Etwa 1 Minute scharf anbraten, bis es gebräunt ist. Die Fleischstücke wenden und weitere 1–2 Minuten scharf anbraten, bis das Rindfleisch gebräunt, aber noch englisch ist (also roh im inneren Kern). Sofort servieren.

Koreanisches pikant gegrilltes Hühnchen

Gochujang ist eine klebrige, süße und scharfe koreanische Chilipaste. Ich finde, es ist die am besten ausgewogene und leckerste Chilipaste ganz Asiens. Sie hat süße, rauchige und pikante Noten, die anderen Saucen fehlen. Sriracha war lange Zeit der letzte Schrei, meiner bescheidenen Meinung nach übertrifft Gochujang Sriracha jedoch bei Weitem!

FÜR 4 PORTIONEN

Marinade

450 ml Sojasauce

1 EL (15 ml) Sesamöl

95 g Gochujang

1 EL (12 g) Sesamsamen, geröstet

3 Knoblauchzehen, fein gehackt

3 EL (45 g) Kristallzucker, brauner Zucker oder Honig

45 ml Wasser

Hähnchen

900 g Hähnchenschenkel

2 Frühlingszwiebeln, in Scheiben geschnitten

Zubereitung der Marinade

Alle Zutaten in eine große Schüssel geben und mit einem Schneebesen schlagen, bis alles gut vermischt ist.

Die Hähnchenschenkel in der Marinade wälzen, damit bedecken und 2 Stunden oder über Nacht marinieren lassen – je länger, desto besser.

Zubereitung des Hähnchens

Wenn die Hähnchenschenkel zum Braten bereit sind, werden sie aus der Marinade genommen und auf ein mit Alufolie ausgelegtes Backblech gelegt. Ich brate sie gerne im Backofen bei 190 °C für etwa 30 Minuten, bis die Kerntemperatur 74 °C beträgt, und lege sie zum Abschluss noch auf den Grill. Sie können auch bei indirekter Hitze etwa 25 Minuten gegrillt werden, bis sie mit derselben Kerntemperatur gebräunt sind. Mit Frühlingszwiebeln garnieren.

Char Siu – Rotes gebratenes Schweinefleisch auf kantonesische Art

Dies ist das klassische kantonesische, rote gebratene Schweinefleisch, das du in Restaurants und in den Auslagen von Barbecue-Shops siehst. Ich verwende dafür wegen des Fettgehalts gerne Schweinekamm, einen Cut aus der Schulter mit einem Teil vom Nacken. Wenn du wirklich ein Stück mit weniger Fett bevorzugst, ist Lende die richtige Wahl. Dieses Gericht passt auch zu Yang Chow – Gebratener Reis mit Ei (Seite 17) und zu Barbecue-Brötchen mit Schweinefleisch.

FÜR 4 PORTIONEN

Marinade

2 EL (30 ml) Sherry

1 EL (25 g) fein gehackter Ingwer

80 ml Austernsauce

½ TL Chinesisches Fünf-Gewürze-Pulver

85 ml Sojasauce

50 g weißer Zucker

90 ml Hoisin-Sauce

90 ml Ketchup

Schweinefleisch

900 g Schweinekamm

4 EL (60 ml) Honig

2 Tropfen rote Lebensmittelfarbe (nach Belieben)

Zubereitung der Marinade

In einer großen Schüssel alle Zutaten für die Marinade zusammenrühren. Beiseite stellen.

Zubereitung des Schweinefleisches

Das Schweinefleisch in 15 cm lange und 8 cm breite Streifen schneiden. Die Streifen in einer Lage in eine flache Backform legen. Die Marinade über die Schweinefleischstreifen gießen. Das Fleisch über Nacht im Kühlschrank marinieren lassen.

Den Backofen auf 175 °C vorheizen. Das Fleisch abtropfen lassen, die Marinade in einem kleinen Topf auffangen. Honig und Lebensmittelfarbe einrühren, bis alles vollständig vermengt ist. Aufkochen und zum Bestreichen und Überziehen aufheben.

Im Backofen einen Grillrost in die unterste Einschubleiste schieben und einen zweiten etwa 13 cm darüber. Einen flachen Bräter auf den unteren Rost stellen und zu drei Vierteln mit Wasser füllen. Die Fleischstreifen vorsichtig auf den Bratrost über dem Bräter verteilen, sodass alle Fleischstreifen der Hitze ausgesetzt sind.

Das Fleisch 30 Minuten braten. Die Fleischstreifen mit der Honigmischung bestreichen. 15 Minuten braten und erneut bestreichen. Noch 10 Minuten oder so lange braten, bis die Fleischstreifen knusprig und goldbraun sind. Aus dem Ofen nehmen und abkühlen lassen. Zum Servieren in 1,25 cm lange Streifen schneiden und mit der restlichen Sauce überziehen.

Lammrippchen mit Zitronengras

Ich glaube, viele lassen sich von dem Gedanken abschrecken, Lammrippchen zu Hause zu kochen. Die meisten denken, es sei schwierig, Lamm perfekt hinzubekommen. Weiterhin nehmen viele Menschen an, Lamm habe eine Art natürlichen unangenehmen Geruch, sodass mit Gewürzen gezaubert werden müsse, damit es lecker schmeckt. Beides ist übrigens Unsinn. Lamm gehört tatsächlich zu den Gerichten, mit denen du bei Freunden und Familie einen Wow-Effekt erzielen kannst. Hier die Kniffe für perfekte Lammrippchen: Lass dir vom Metzger das Lammkarree in Rippchen schneiden, damit sie ordentlich aussehen. Mariniere die Rippchen ein paar Stunden lang und wisch überschüssige Marinade vor dem Braten ab, damit das Fleisch nicht verbrennt. Zuletzt ist es sehr wichtig, ein Fleischthermometer zu verwenden, um den Garzustand zu prüfen. Sobald 63 °C gemessen werden, nimmst du die Rippchen heraus und läßt sie mindestens 5 Minuten ruhen. Wenn du diese drei Regeln befolgst, werden deine Freunde und deine Familie dich als Küchengott bejubeln!

FÜR 4 PORTIONEN

2 EL (50 g) geschältes und grob gehacktes Zitronengras

1 EL (15 g) fein gehackte Kaffirlimettenblätter (Limettenzeste geht ersatzweise auch)

2 EL (30 g) grob gehackte Schalotten

3 Knoblauchzehen, fein gehackt

½ EL (3 g) Korianderpulver

1 EL (6 g) Currypulver

1½ EL (45 g) Zucker

½ TL Salz

500 ml Kokosmilch

1,8 kg Lammrippchen

Erdnusssauce (Seite 179) oder süße Chilisauce zum Servieren

Alle Zutaten mit Ausnahme des Lammfleisches und der Erdnusssauce in einem Mixer gründlich pürieren. Das Fleisch in eine große Schüssel legen, mit der Marinade übergießen und diese etwa 30 Sekunden einreiben. Die Schüssel mit Frischhaltefolie abdecken und die Lammrippchen mindestens 2 Stunden im Kühlschrank marinieren lassen. Dieses Rezept lässt sich auch gut am Vortag vorbereiten.

Einen Grill oder eine Pfanne stark erhitzen und 1 Minute vorheizen. Das Lammfleisch aus der Marinade nehmen und etwas von der überschüssigen Marinade mit Küchenpapier abwischen. Grill oder Pfanne mit ein wenig Pflanzenöl einreiben. Das Fleisch von einer Seite etwa 4 Minuten gut scharf anbraten, bis es wunderbar braun ist. Wenden und weitere 3 Minuten oder so lange braten, bis es eine Kerntemperatur von 63 °C erreicht. 5–10 Minuten ruhen lassen, dann mit Erdnusssauce oder süßer Chilisauce servieren.

Profi-Tipp: **Die Kräuter für dieses Rezept müssen nicht perfekt geschnitten werden, denn sie kommen ohnehin in den Mixer.**

Gebratener Kohlenfisch mit Miso (Misoyaki)

Kohlenfisch ist der Schweinebauch der Meere. Angenehm fettreich, super schmackhaft, und er gelingt immer. Was dieses Gericht so besonders lecker macht, ist die Methode des Ummantelns, des Einlegens in Salzlake mit Zucker. Wir bereiten eine süß-pikante Miso-Sauce zu und legen den Fisch darin ein paar Tage ein. Der Wassergehalt des Fisches wird durch die Miso-Sauce ersetzt. Der geschwollene chemische Fachbegriff dafür lautet Äquilibrium.

FÜR 4–6 PORTIONEN

240 ml Sake

240 ml Mirin

85 g Kristallzucker

85 g brauner Zucker

450 g weißes oder gelbes Miso

3 EL (75 g) geriebener Ingwer

900 g Kohlenfischfilet, abgeschuppt

Einen Topf mit 2 l Fassungsvermögen bei starker Hitze etwa 1 Minute erhitzen, dann den Sake darin zum Kochen bringen, um den Alkohol verdunsten zu lassen. Vorsicht, der Sake kann sich entzünden. Mirin, beide Zuckersorten, Miso und Ingwer einrühren und aufkochen. Die Wärmezufuhr reduzieren und die Marinade etwa 5 Minuten köcheln lassen, bis sie eine blasse Karamellfarbe annimmt. Vom Herd nehmen und völlig erkalten lassen. 120 ml der Marinade zum späteren Beträufeln entnehmen.

Den Fisch in 170-g-Stücke schneiden, die Haut dranlassen. Die Fischstücke in eine flache Auflaufform legen und mit der Marinade begießen, sodass der Fisch vollständig bedeckt ist. Über Nacht oder bis zu 2 Tage lang marinieren lassen.

Den Backofen auf Grillfunktion einstellen. Einen Backofenrost etwa 30 cm unterhalb des Grills in den Herd schieben. Den Fisch aus der Marinade nehmen und überschüssige Marinade abwischen. Ein Backblech mit Alufolie auslegen, die Folie mit Kochspray einsprühen und den Fisch auf die Folie legen. 10–12 Minuten grillen, bis der Fisch auf der Oberseite leicht gebräunt und durchgegart ist.

Die Filets werden etwas schrumpfen und etwaige Gräten sollten leicht herausschauen. Die Gräten herausziehen und wegwerfen. Den Fisch zum Schluss mit der zurückbehaltenen Marinade beträufeln und erneut goldbraun grillen.

Profi-Tipp: **Wegen seiner Reichhaltigkeit und seiner weichen Konsistenz heißt der Kohlenfisch auf Hawaii im allgemeinen Sprachgebrauch Butterfisch. Das Geheimnis der perfekten Bräune ist das zweifache Grillen.**

Koreanische Tacos mit Short Ribs und Gochujang-Sauce

Das bekannteste Gericht der Fusionsküche am Imbisswagen sind meiner Meinung nach koreanische Tacos. Hier kommt meine Version mit geschmorter Querrippe. Es ist zugleich ein doppeltes Rezeptangebot: Die geschmorte Querrippe ist für sich allein köstlich; werden damit jedoch koreanische Tacos zubereitet, wird der Genuss noch gesteigert, denn diese Kombination ist über alle Maßen lecker! Ich verkünde es hier und jetzt: Gochujang wird die nächste top-beliebte Chilisauce und wird Sriracha von der Spitze der scharfen Saucen verdrängen. Sie ist süß, pikant, rauchig und scharf. Die perfekte scharfe Sauce, die zu allem passt!

FÜR 12 TACOS

Geschmorte Short Ribs

100 g Mehl

1 EL (16 g) koscheres Salz (grobkörniges Natursalz)

1 TL geschroteter Pfeffer

1,8 kg Short Ribs vom Rind

50 g Butter, Menge aufgeteilt

2 Schalotten, gehackt

3 Knoblauchzehen, gehackt

225 g Zwiebeln, in große Würfel geschnitten

100 g Karotten, in große Würfel geschnitten

100 g Sellerie, in große Würfel geschnitten

750 ml trockener Rotwein

2 Stängel frischer Thymian

1 Lorbeerblatt

1 Stängel glatte Petersilie

950 ml Rinderbrühe

Koreanische Taco-Sauce

60 g Gochujang

65 g Zucker

80 ml Sojasauce

1 EL (15 ml) Sesamöl

Tacos

900 g Rosenkohl, geschnitten

75 g gehackte Zwiebel

Salz und Pfeffer

12 kleine Maistortillas

2 Limetten, in Spalten geschnitten

(Fortsetzung Seite 56)

Zubereitung der geschmorten Short Ribs

Den Backofen auf 165 °C vorheizen.

Mehl, Salz und Pfeffer in einer großen Schüssel mischen. Das Rindfleisch in dem gewürzten Mehl wälzen, überschüssiges Mehl abschütteln. Beiseite stellen. Die Hälfte der Butter in einem Schmortopf mit 4–5 l Fassungsvermögen bei starker Hitze erhitzen. Short Ribs von allen Seiten in etwa 10 Minuten anbräunen, aus dem Topf nehmen.

Die restliche Butter in dem Topf zerlassen. Schalotten, Knoblauch, Zwiebel, Karotte und Sellerie dazugeben. Unter Rühren etwa 10 Minuten anbraten, bis das Gemüse weich geworden ist. Den Wein zugießen und auf die Hälfte reduzieren lassen. Thymian, Lorbeerblatt, Petersilie und Rinderbrühe unterrühren. Die angebräunten Querrippen in einer Lage auf das Gemüse legen und aufkochen.

Mit einem dicht schließenden Deckel oder Alufolie abdecken und im vorgeheizten Ofen etwa 3–3 ½ Stunden schmoren lassen, bis die Short Ribs sehr zart sind und nahezu vom Knochen fallen. Sobald das Fleisch weich ist, mit einer Gabel von den Knochen streifen und auf einen Servierteller legen. Zugedeckt warm halten.

Zubereitung der koreanischen Taco-Sauce

Alle Zutaten für die Sauce mit einem Schneebesen schlagen, bis sich der Zucker aufgelöst hat und die Mischung glatt ist. Das kannst du auch einige Tage im Voraus machen und die Sauce dann dicht verschlossen im Kühlschrank aufbewahren.

Fertigstellen der Tacos

Das abgezupfte Fleisch mit dem Rosenkohl, Zwiebeln, Salz und Pfeffer für die Taco-Füllung kurz anbraten. Tortillas auf dem Grill erhitzen. Auf jede Tortilla 120 g der Taco-Füllung geben. Mit koreanischer Taco-Sauce und jeweils einer Limettenspalte servieren.

Bun Thit Noung – Nudelschale mit gegrilltem Schweinefleisch und Zitronengras

Bun sind Reisnudeln wie bei Pho, nur dünner und elastischer. Sie werden gekocht, abgekühlt und dann als Grundlage für kalte Nudelschalen verwendet. Süß-rauchiges Schweinefleisch mit Zitronengras ist köstlich dazu.

FÜR 4 PORTIONEN

Nuoc-Cham-Sauce

2 EL (30 ml) Limettensaft

60 ml Fischsauce

60 ml Wasser

1 EL (15 ml) Reisessig

50 g Zucker

1 Knoblauchzehe, fein gehackt

1 Thai-Chili, fein gehackt

Schweinefleisch

2 Schalotten, in dünne Scheiben geschnitten

2 Knoblauchzehen, fein gehackt

1 EL (30 g) fein gehacktes Zitronengras

2 EL (30 ml) Wasser

3 EL (45 g) Kristallzucker

3 EL (45 ml) Fischsauce

1 große Prise schwarzer Pfeffer

450 g Schweinekamm, gegen die Faser hauchdünn geschnitten

2 EL (30 ml) Pflanzenöl

240 g vietnamesische dünne Reisnudeln (Bun)

Fertigstellung

95 g Daikon-Rettich, gehobelt

95 g Karotte, gehobelt

3 EL (45 g) geröstete Erdnüsse, grob gehackt

3 Frühlingszwiebeln, in feine Ringe geschnitten

Zubereitung der Sauce

Alle Zutaten für die Sauce mischen und verrühren, bis sich der Zucker vollständig aufgelöst hat. Beiseite stellen.

Zubereitung des Schweinefleisches

Schalotten, Knoblauch, Zitronengras, Wasser, Zucker, Fischsauce und Pfeffer für die Marinade im Mixer glatt pürieren. Das Schweinefleisch in eine Schüssel legen und mit Marinade einreiben. Mindestens 1 Stunde marinieren lassen. Eine Pfanne stark erhitzen und das Öl hineingeben. Das Fleisch etwa 5 Minuten darin anbraten, bis es durch ist.

Zubereitung der Nudeln

Die Reisnudeln in 3 l Wasser in einem Topf mit 4 l Fassungsvermögen in etwa 12 Minuten al dente kochen. Unter kaltem Wasser in einem feinen Sieb gründlich spülen und beiseite stellen.

Fertigstellen

Die Nudeln auf 4 Schalen verteilen und mit dem Fleisch belegen. Das Fleisch mit Rettich, Karotte, gerösteten Erdnüssen und Frühlingszwiebeln bestreuen. Nuoc-Cham-Sauce über die Nudeln geben und gut durchmischen.

Naga Dog

Modernes Essen vom Imbisswagen ist eine großartige Kombination verschiedener Küchen. Dieses japanische Essen aus der Fusionsküche ist die perfekte Möglichkeit, einen Hotdog interessant zu machen und für ein Barbecue, eine Party oder um einen Hotdog-Abend einfach mal zu variieren. Probier diese Saucen auch auf deinen Lieblingsburgern!

FÜR 4 HOTDOGS

4 rote scharfe Würstchen

4 Hotdog-Brötchen

120 g Wasabi-Mayo (Seite 182)

120 g Sriracha-Mayo (Seite 182)

100 ml Teriyaki-Sauce (Seite 183)

180 g Kimchi

4 EL (60 g) gehobelte Nori-Algen

Würstchen und Brötchen auf einer Elektro-Grillplatte erwärmen, bis die Würstchen durch sind. Würstchen in die Brötchen legen. Zuerst die Wasabi- und Sriracha-Mayo auf die vier Hot-Dogs aufteilen und die Würstchen damit bestreichen, anschließend die Teriyaki-Sauce darüber träufeln. Abschließend mit Kimchi und Nori-Stücken garnieren.

Tandoori Chicken

Das Erstaunliche an der indischen Küche ist der meisterliche Umgang mit Gewürzen. Durch das Marinieren in Joghurt wird das Hühnchen besonders zart und saftig. Die Kombination aus Gewürzen und Kräutern holt hier das Beste aus dem Hühnchen heraus. Im Tandur-Ofen werden die Speisen wie im heißesten Pizza-Ofen bei deutlich mehr als 420 °C gegart. Um dies auch zu Hause zu erreichen, heize ich einen Holzkohlengrill mit der maximalen Brikettmenge wahnsinnig heiß ein. Die Briketts packe ich auf eine Seite des Grills, decke sie zu und lasse die Hitze sich entwickeln. Das Hühnchen wird mit indirekter Hitze gegrillt, bis es wunderbar braun und gerade durchgegart ist.

FÜR 4 PORTIONEN

900 g Hähnchenschenkel ohne Knochen, ohne Haut

1–2 TL (5–10 g) Salz

3 Zitronen, davon 2 ausgepresst und 1 in Spalten geschnitten

300 ml Naturjoghurt

½ Zwiebel, auf der Kronenreibe einer Vierkantreibe gerieben

1 Knoblauchzehe, fein gehackt

2 TL (10 g) geriebener Ingwer

2 TL (10 g) Garam masala

1 TL Cayennepfeffer

1 TL Paprikapulver, wegen der Farbe

2 TL (10 g) fein gehackter Koriander

Mit einem kleinen Küchenmesser kleine Schlitze in die Hähnchenschenkel schneiden, damit die Marinade gut eindringen kann. Das Fleisch in eine flache Form legen und von beiden Seiten salzen und mit Zitronensaft beträufeln. 10 Minuten beiseite stellen.

In einer mittelgroßen Schüssel Joghurt, geriebene Zwiebel, Knoblauch, Ingwer, Garam masala und Cayennepfeffer mischen, dann glatt mixen. Paprikapulver unterrühren. Die Joghurtmischung über dem Hühnchen verstreichen. Zudecken 6–24 Stunden in den Kühlschrank stellen (je länger, desto besser).

Den Grill bei mittelstarker Hitze erhitzen, die Grillstäbe leicht ölen. Das Hähnchen von jeder Seite etwa 6 Minuten grillen, bis es schön braun ist oder bis die Kerntemperatur bei 74 °C liegt. Mit Koriander und Zitronenspalten garnieren.

Profi-Tipp: **Ich habe dieses Rezept für Hähnchenschenkel geschrieben, es ist jedoch sehr vielseitig. Es eignet sich auch hervorragend für Keule, Brust oder Flügel. Für Fisch ist das Rezept ebenfalls bestens geeignet. Tandoori-Heilbutt schmeckt fantastisch. Grillen kann mühsam sein, hab daher keine Hemmungen, dein Tandoori-Gericht in einem superheißen Backofen zuzubereiten. Den Ofen auf die höchste Temperatur vorheizen, ein Backblech mit Alufolie auslegen und mit etwas Öl einsprühen. Tandoori auf die geölte Folie legen und rein in den Ofen!**

CHEFJET
Chef Works

Meine Lieblings-Nudelgerichte

Hier kommt das Kapitel für Nudelliebhaber! Es ist vollgepackt mit einigen meiner besten Rezepte aller Zeiten. Der Kauf dieses Buches könnte sich schon für meine berühmten Drunken Noodles (Seite 66) gelohnt haben, aber wie sieht es mit Pad Thai, Lo Mein und Khao Soi aus? Ich hätte diese Klassiker eigentlich auf vier Bücher verteilen sollen. Koch dich durch dieses Kapitel und du bekommst ein gutes Gefühl für den traditionellen asiatischen Ansatz zum Kochen und Würzen von Nudeln.

Ein wichtiger Tipp für dieses Kapitel lautet, immer die Nudeln aus dem Land zu verwenden, aus dem das Gericht stammt. Es ergibt beispielsweise keinen Sinn, Pad Thai mit Ramen-Nudeln zuzubereiten, das werden deine Gäste ebenso empfinden. Man muss kein Kochexperte sein, um zu wissen, wenn etwas nicht passt. Deine Erfahrung ist deine Kompetenz. Wenn du Pad Thai und/oder Ramen ein paar hundert Mal gegessen hast, bist du Experte genug. Nudeln können auf sehr vielfältige Weise kategorisiert werden, und anders als bei italienischer Pasta erfolgt die Einteilung bei den Asiaten nicht anhand der Form. Die meisten Nudeln werden mit Weizen, Reis oder Stärke hergestellt. Sie können geknetet, gedämpft, stranggepresst oder ausgerollt sein. Sie können in der Pfanne gebraten, frittiert, gedünstet oder gekocht werden. Ich halte es für wichtig, sich intensiv mit den Gerichten zu beschäftigen und alles dafür zu tun, die jeweils passenden Nudeln zu bekommen.

Pad Thai – das ultimative Rezept

Das bekannteste Thai-Gericht in Amerika! Es braucht Zeit, ein gutes Pad Thai zuzubereiten. Mit den Nudeln ist es eine Gratwanderung, denn sie garen in drei Phasen. Zuerst werden sie in warmem Wasser eingeweicht und beginnen, Wasser aufzunehmen und weicher zu werden. In der Pfanne werden sie zuerst mit allen anderen Zutaten pfannengerührt. In dieser Phase ist Geduld gefragt. Lass ihnen die Zeit, wieder etwas weicher zu werden und sich mit dem heißen Öl und den anderen Zutaten zu verbinden. Sobald sie weich genug aussehen, um sie direkt aus der Pfanne zu essen, sie jedoch noch etwas al dente sind, die Sauce zugeben, um den Garvorgang abzuschließen.

Meine Familie gehörte zu den Ersten, die dieses Gericht vor über 40 Jahren in Amerika eingeführt haben, und die amerikanische Version unterscheidet sich leicht von der ursprünglichen in Thailand. Das deutliche Orange kommt durch die Zugabe von Paprikapulver anstelle der traditionellen Chilipaste zustande. Und wir garnieren das Gericht typischerweise mit Knoblauch-Schnittlauch und nicht mit Frühlingszwiebeln. Ich sage immer, mit Pad Thai ist es wie mit Pfannkuchen. Es müssen einem erst ein paar angebrannt sein, bis man den Dreh raus hat.

FÜR 4–6 PORTIONEN

Pad-Thai-Sauce

4 EL (60 ml) Thai-Fischsauce

3 EL (45 ml) Tamarindenpaste aus der Flasche (siehe hierzu Seite 8)

1 EL (15 ml) Limettensaft

1 EL (15 ml) Reisessig

4 EL (50 g) Zucker

Pad Thai

2 EL (30 ml) Pflanzenöl

2 Knoblauchzehen, fein gehackt

2 EL (30 g) abgepackter gehobelter und gesüßter Rettich

1 TL getr. Garnelen

95 g gebackener Tofu, in Scheiben geschnitten

2 Eier

95 g dünne Streifen Hähnchenbrust oder Hähnchenschenkel

10 große Garnelen, geschält und geputzt

750 g mittelgroße Reisnudeln, eingeweicht

2 TL (10 g) Paprikapulver

3 Frühlingszwiebeln, in 8 cm lange schmale Streifen geschnitten

50 g trocken geröstete ungesalzene Erdnüsse, gehackt, Menge aufgeteilt

240 g Bohnensprossen

(Fortsetzung Seite 64)

Zubereitung der Pad-Thai-Sauce

Alle Zutaten für die Sauce in einer kleinen Schüssel mischen. Gründlich verrühren, bis der Zucker sich aufgelöst hat, dann beiseite stellen.

Zubereitung Pad Thai

Eine Pfanne oder einen Wok bei starker Hitze etwa 1 Minute erhitzen, bis sie richtig schön heiß ist. Das Öl zugeben und die Pfanne schwenken, damit es sich gut verteilt. Wenn das Öl gerade zu rauchen beginnt, den Knoblauch zugeben und etwa 5 Sekunden unter Rühren anbraten. Rettich, getrocknete Garnelen und Tofu zugeben und etwa 1 Minute rühren, bis sich ein feines Aroma entwickelt.

Die Zutaten im Wok auf eine Seite schieben und das Öl sich in der Mitte des Woks oder der Pfanne sammeln lassen. Die Eier darin aufschlagen und das Hähnchenfleisch zugeben. Wenn die Eier anfangen zu braten, die Eigelbe einstechen, damit sie verlaufen. Fleisch und Eier etwa 30 Sekunden immer wieder zusammenfalten, bis die Eier stocken, dabei alles vom Pfannenboden abkratzen, was dort ansetzt. Nun alle Zutaten im Wok miteinander verrühren und schwenken.

Die Garnelen zugeben und etwa 30 Sekunden braten, bis sie beginnen, die Farbe zu wechseln und undurchsichtig werden. Die eingeweichten (und abgetropften) Reisnudeln zugeben und in 2–3 Minuten weich garen. Die beiseite gestellte Saucenmischung und das Paprikapulver zugeben und etwa 2 Minuten unterheben, bis das Paprikapulver die Nudeln gleichmäßig färbt und sie die gesamte Flüssigkeit aufgenommen haben.

Die Frühlingszwiebeln in die Mitte der Nudeln legen, mit einigen Nudeln abdecken und 30 Sekunden dünsten lassen. 3 EL Erdnüsse unterrühren. Auf einem Servierteller anrichten und mit Bohnensprossen und den restlichen Erdnüssen garnieren.

Meine berühmten Drunken Noodles (»Betrunkene Nudeln«)

Drunken Noodles, stellen eine Verbindung zwischen meinen thailändischen und meinen chinesischen Wurzeln her. Die Sauce verlangt nichts weiter als ein einfaches Abmessen und In-eine-Schüssel-Füllen. Frische Reisnudeln gehören in den meisten Asiamärkten zu den Feinkostartikeln. Sie werden täglich frisch hergestellt und an die Märkte geliefert. Am besten werden sie innerhalb von 48 Stunden nach dem Kauf verbraucht.

FÜR 2–4 PORTIONEN

Sauce

2 EL (30 ml) süße Sojasauce

1 EL (15 ml) Austernsauce

1½ EL (22 ml) Fischsauce

1 EL (15 g) Zucker

1 TL Sriracha (Seite 177)

1 TL fein gehackter Knoblauch

6–8 Thai-Basilikumblätter, in Streifen geschnitten

Nudeln

3 EL (45 ml) Raps- oder Erdnussöl

2–3 Knoblauchzehen, fein gehackt

2 Eier

1–2 Serrano-Chilischoten, in dünne Streifen geschnitten

6–8 große Garnelen, geschält und entdarmt

½ mittelgroße weiße Zwiebel, in Scheiben geschnitten

960 g frische Reisnudeln, getrennt

40 g Thai-Basilikumblätter

75 g Traubentomaten, halbiert

Zubereitung der Sauce

Die Zutaten der Sauce in einer kleinen Schüssel mischen und beiseite stellen.

Zubereitung der Nudeln

In einer großen Sauteuse das Öl bei starker Hitze erhitzen. Sobald sich weißer Rauch bildet, den Knoblauch darin hellbraun braten.

Die Eier und die Chilischoten zugeben und die Eier etwa 1 Minute leicht verrühren, bis sie nur leicht gestockt sind.

Garnelen, Zwiebeln und Tomaten (einige zurückbehalten) zugeben und etwa 1 Minute alles unterheben, bis die Garnelen rosa werden.

Die frischen Reisnudeln, Basilikum (etwas davon zurückbehalten) und die Sauce zugeben und schwenken, um alles zu vermengen. Alles, was sich am Boden ansetzt, abkratzen, bevor es anbrennt. 1 Minute braten, bis die Nudeln gar und gut von allem überzogen sind. Zum Schluss das zurückbehaltene Basilikum und die restlichen Traubentomaten dazugeben und mitschwenken, sodass sie ihr Aroma abgeben können. Noch etwa 1 Minute garen, dann heiß servieren.

Profi-Tipp: **Falls du keine frischen Reisnudeln bekommst, kannst du notfalls auch getrocknete nehmen. Reduzier die im Rezept angegebene Menge dabei allerdings auf etwa 320 g.**

Khao Soi – Geschmortes Rindercurry mit Nudeln aus Nordthailand

Dies ist ohne Zweifel das Nudelgericht, das ich am liebsten koche und esse. Es kommt aus der Heimatregion meiner Mutter in Nordthailand. Dieses Gericht erinnert stark an das beliebte japanische Tonkotsu-Ramen. Das Kokoscurry wird durch eine sehr reichhaltige Brühe angereichert. Khao ist das Thai-Wort für »Reis«, in diesem Fall für Reisnudeln, und Soi bedeutet »schneiden«. Dieses Gericht wurde also ursprünglich mit handgeschnittenen Reisnudelblättern zubereitet, die moderne Version ist jedoch auf dünne Weizennudeln angepasst.

FÜR 4 PORTIONEN

960 ml Kokosmilch, 3 EL (45 ml) Rahm von oben abnehmen

2 EL (30 ml) gelbe Currypaste

2 EL (30 ml) Massaman-Currypaste

2 Kaffirlimettenblätter, in dünne Streifen geschnitten

90 ml reichhaltige Rinderbrühe

2 TL Fischsauce

1 EL (15 ml) Tamarindenpaste (siehe hierzu Seite 8)

1 TL Zucker

450 g geschmorte Short Ribs (Seite 54)

240 g frische Eierbandnudeln, al dente gekocht

90 g chinesisches eingelegtes grünes Senfgemüse, abgetropft und in dünne Scheiben geschnitten

90 g Schalotten, geschält und in kleine Würfel geschnitten

4 Frühlingszwiebeln, schräg geschnitten

Korianderblätter, zum Garnieren

In einem mittelgroßen Topf 3 EL (45 ml) dicken Kokosrahm 1 Minute stark erhitzen. Wenn er anfängt zu sieden, die Currypasten einrühren wie bei einer Mehlschwitze, dann die Limettenblätter zugeben. Die Paste etwa 1 Minute rühren, bis sie leicht eindickt, trockener wird und ein feines Aroma entwickelt. Wenn das Curry zu zischen beginnt, eine kleine Menge Kokosmilch zugeben, um die Paste rührfähig zu halten. Die restliche Kokosmilch einrühren und die Wärmezufuhr erhöhen, bis alles sprudelnd kocht. Das Curry etwa 5–10 Minuten kochen lassen, bis es um etwa ein Viertel reduziert ist oder auf dem Rücken eines Holzlöffels einen Überzug bildet.

Die Sauce nur noch köcheln lassen, Rinderbrühe, Fischsauce, Tamarindenpaste und Zucker zugeben. Abschmecken und falls nötig nachwürzen. Das Fleisch so kurz wie möglich vor dem Servieren zugeben. Es braucht nur etwa 1 Minute, um warm zu werden und die köstliche Currybrühe aufzunehmen.

Die Nudeln auf 4 Schalen verteilen. Jeweils 175–240 ml (ein bis zwei Kellen) Brühe darüber verteilen und dafür sorgen, dass jede Schale einige Scheiben Fleisch abbekommt. Mit Senfgemüse, Schalotten, Frühlingszwiebeln und Koriander garnieren.

Profi-Tipp: **Für das Fleisch bei diesem Curry-Nudelgericht mein Rezept für geschmorte Short Ribs auf Seite 54 verwenden. Den reichhaltigen Fond vom Schmoren für die Brühe aufheben.**

Beef Pho

Beef Pho gewann in Amerika rasch an Beliebtheit. Die reichhaltige aromatische Suppe ist sättigend, aber nicht schwer, und entspricht dem Trend des Clean Eating. Zudem hast du hier alles, was das Herz begehrt, in einer Schüssel: Brühe, zarte Stücke geschmortes Rindfleisch, Gemüse und Aroma- und Geschmacksstoffe. Nicht vergessen, ein ordentliches Stück Braten in der Brühe mitzukochen, das später für dieses Gericht aufgeschnitten wird.

FÜR ETWA 4 L SUPPE

1,4 kg Markknochen oder Ochsenschwanz

1 große Zwiebel, halbiert

10 cm Ingwer

5,7 l Wasser

900 g Rinderhals

6 Stück Sternanis

3 ganze Gewürznelken

1 Zimtstange

80 ml vietnamesische Fischsauce

85 g Zucker

Salz

240 g Reisnudeln, gekocht, abgetropft und abgekühlt

1 Zwiebel, in hauchdünne Scheiben geschnitten

4 Frühlingszwiebeln, in Ringe geschnitten

95 g Korianderblätter

200 g Bohnensprossen

95 g vietnamesischer Basilikum

2 Jalapeño-Chilischoten, in dünne Streifen geschnitten

2 Limetten, in Spalten geschnitten

Sriracha (Seite 177) und Hoisin-Sauce, zum Servieren

Den Backofen auf 250 °C vorheizen. Ein Backblech mit Alufolie auslegen und mit Öl einsprühen. Knochen, Zwiebelhälften und Ingwer auf das Blech legen und 25–40 Minuten rösten, bis alle Zutaten schön gebräunt, aber nicht angebrannt sind. Aus dem Ofen nehmen und beiseite stellen.

6 l Wasser in einen großen Suppentopf geben. Rinderhals, geröstete Knochen, Ingwer und Zwiebel zugeben. Die Wärmezufuhr hochdrehen und die Wassertemperatur allmählich ansteigen lassen, so wird verhindert, dass die Brühe zu schaumig und trüb wird. Sobald das Wasser zu kochen beginnt, die Wärmezufuhr reduzieren, sodass es nur noch köchelt. Etwa 2 Stunden köcheln lassen, dabei alle 20 Minuten Schaum und Fett von der Oberfläche abschöpfen.

Sternanis, Nelken und Zimtstange in ein Stück Mulltuch geben und mit Küchengarn zu einem Säckchen (Bouquet garni) binden. Das Säckchen 45 Minuten in der Suppe mitköcheln lassen. Fischsauce und Zucker unterrühren, bis er sich vollständig aufgelöst hat. Nach Geschmack salzen. Die Würze probieren, und wenn das Aroma noch zu schwach ist, weitere 10 Minuten köcheln lassen. So oft wiederholen, bis du zufrieden bist. Anschließend das Säckchen aus der Suppe nehmen. Zu langes Kochen der Gewürze macht die Suppe dunkel und zu herb.

Den Rinderhalsbraten herausnehmen und in kaltes Wasser legen, bis er durchgekühlt ist. In Scheiben schneiden und anschließend in Frischhaltefolie wickeln, damit er nicht austrocknet und dunkel wird. Bis kurz vor dem Servieren in den Kühlschrank stellen.

Die Brühe durchseihen und bis zum Gebrauch beiseite stellen.

Die Nudeln auf 4 Schalen verteilen. Mit einigen Fleischscheiben, Zwiebel, Frühlingszwiebeln, Koriander, Bohnensprossen, Basilikum und Jalapeños belegen. Die Brühe zum Köcheln bringen und jeweils so viel davon in die Schüsseln füllen, dass alles darin bedeckt ist. Mit einer Limettenspalte garnieren. Ich reiche zu Pho gerne Sriracha und Hoisin-Sauce.

Profi-Tipp: Die restliche Brühe kannst du zusammen mit den Bratenresten einfrieren. So hast du immer ein schnelles Abendessen im Haus.

Schnelle Beef Pho

Dieses Rezept für eine schnelle Rindfleisch-Nudelsuppe habe ich geschrieben, weil man nicht immer einen ganzen Tag damit zubringen will, die Zutaten zusammenzubekommen und die Suppe von Grund auf selbst zu machen. Mit dieser fantastischen Version steht die Suppe nach einer Stunde auf dem Tisch. Das hauchdünne Aufschneiden von Rindfleisch kann eine Qual sein. Japanische und chinesische Märkte haben immer hauchdünn geschnittenes Fleisch für Shabu shabu oder Sukiyaki vorrätig.

FÜR 2 GROSSE ODER 4 KLEINE PORTIONEN

Pho-Brühe

960 ml Wasser

2 EL (30 g) Rinderbouillon oder Rinderfond

5 cm Ingwer, fein aufgeschnitten

½ Zwiebel, in dünne Scheiben geschnitten

1 EL (15 g) vietnamesische Fischsauce

1 EL (15 g) weißer Zucker

2 Stück Sternanis

2 ganze Gewürznelken

1 Zimstange

1 Prise koscheres Salz (grobkörniges Natursalz)

Suppeneinlage

240 g Reisnudeln, gekocht, gespült und abgetropft

240 g Rinderstreifen von Lende oder Filet, dünn geschabt

1 Zwiebel, in hauchdünne Scheiben geschnitten

4 Frühlingszwiebeln, schräg in dünne Scheiben geschnitten

95 g Korianderblätter

240 g Bohnensprossen

240 g vietnamesischer Basilikum

5 Jalapeño-Chilischoten, in dünne Streifen geschnitten

1 Limette, in Spalten geschnitten

Sriracha (Seite 177) und Hoisin-Sauce, zum Servieren

Zubereitung der Suppe

Wasser und Rinderfond in einen Topf mit 2 l Fassungsvermögen geben und aufkochen. Ingwer, Zwiebel, Fischsauce und Zucker zugeben und nur noch köcheln lassen. Sternanis, Gewürznelken und Zimstange in ein Stück Mulltuch geben und mit Küchengarn zu einem Säckchen (Bouquet garni) binden. Das Säckchen in der Suppe nicht länger als 45 Minuten köcheln lassen. Salzen und abschmecken. Die Brühe abseihen und beiseite stellen.

Fertigstellen

Die Nudeln auf die Portionsschüsseln verteilen. Mit dünnen Fleischscheiben, Zwiebelscheiben, Frühlingszwiebeln, Koriander, Bohnensprossen, Basilikum und Jalapeños belegen. Die Suppe zum Köcheln bringen und jeweils so viel davon in die Schüsseln füllen, dass alles darin bedeckt ist. Mit einer Limettenspalte garnieren. Ich reiche dazu gerne Sriracha und Hoisin-Sauce.

Profi-Tipp: Die Schärfe von Arbol-Chilischoten ist ähnlich der von Cayennepfeffer. Falls du Schärfe noch nicht gewohnt bist, nimm zu Beginn etwas weniger Chili und taste dich nach und nach an die angegebene Menge heran.

Chicken Pho (Pho Ga)

Meine Frau mag Hühnersuppe lieber als Rindersuppe, und ich kenne viele Leute, die einfach kein Rindfleisch essen. Das Anbräunen der Hühnerknochen vor der Zubereitung der Brühe ist eine großartige Möglichkeit, die Aromen zu konzentrieren und der Suppe eine geschmackliche Intensität zu geben, die sie normalerweise nicht erreichen würde. Der Fachbegriff für einen Fond nach dieser Methode ist Grandjus oder Großer Brauner Fond (gegenüber einem hellen Fond), er ist für diese Suppe entscheidend.

FÜR ETWA 4 L SUPPE

1,3 kg Hühnerknochen und -flügel

1 große Zwiebel, halbiert

10 cm Ingwer, fein geschnitten

6 l Wasser

900 g Hähnchenbrust

6 Stück Sternanis

3 Gewürznelken

1 Zimtstange

80 ml vietnamesische Fischsauce

85 g Zucker

etwas Salz

240 g Reisnudeln, gekocht, abgetropft und abgekühlt

1 Zwiebel, in hauchdünne Scheiben geschnitten

4 Frühlingszwiebeln, in Ringe geschnitten

95 g Korianderblätter

200 g Bohnensprossen

95 g vietnamesischer Basilikum

2 Jalapeño-Chilischoten, in dünne Streifen geschnitten

2 Limetten, in Spalten geschnitten

Sriracha (Seite 177) und Hoisin-Sauce zum Servieren

Den Backofen auf 250 °C vorheizen. Ein Backblech mit Alufolie auslegen und mit etwas Öl einsprühen. Knochen, Zwiebelhälften und Ingwer auf das Blech legen und 25–40 Minuten rösten, bis alles schön gebräunt ist, ohne jedoch anzubrennen. Aus dem Ofen nehmen und beiseite stellen.

6 l Wasser in einen großen Suppentopf geben. Die gerösteten Knochen, Ingwer und Zwiebel zugeben. Die Wärmezufuhr hochdrehen und die Wassertemperatur allmählich steigen lassen, damit die Brühe nicht zu schaumig und trüb wird. Sobald das Wasser zu kochen beginnt, die Wärmezufuhr reduzieren, damit es nur noch köchelt. Etwa 1 Stunde köcheln lassen, dabei alle 20 Minuten Schaum und Fett von der Oberfläche abschöpfen. Nun die Hähnchenbrust in die Suppe geben.

Sternanis, Gewürznelken und Zimstange in ein Stück Mulltuch geben und mit Küchengarn zu einem Säckchen binden. Das Säckchen 45 Minuten in der Brühe köcheln lassen. Fischsauce und Zucker einrühren und weiterrühren, bis der Zucker sich vollständig aufgelöst hat, mit Salz abschmecken. Die Würze probieren, und wenn das Aroma noch nicht kräftig genug ist, weitere 10 Minuten köcheln lassen. Vorgang wiederholen, bis du zufrieden bist. Nun das Säckchen herausnehmen. Lässt man die Gewürze zu lange kochen, wird die Brühe dunkel und zu herb.

Die Hähnchenbrust aus dem Topf nehmen und in kaltes Wasser legen, bis sie durchgekühlt ist. In Scheiben schneiden und anschließend in Frischhaltefolie wickeln, damit sie nicht austrocknet und dunkel wird. Bis zum Gebrauch in den Kühlschrank legen. Die Brühe abseihen und bis zum Gebrauch beiseite stellen.

Nudeln auf 4 Schüsseln verteilen. Mit Hähnchenfleisch, Zwiebel, Frühlingszwiebeln, Koriander, Bohnensprossen, Basilikum und Jalapeños belegen. Die Suppe zum Köcheln bringen und jeweils so viel davon in die Schüsseln füllen, dass alles darin bedeckt ist. Mit einer Limettenspalte garnieren. Ich reiche dazu gerne Sriracha und Hoisin-Sauce.

Profi-Tipp: Die restliche Brühe kannst du zusammen mit den Resten der Hähnchenbrust einfrieren. So hast du immer ein schnelles Abendessen im Haus.

Beef Chow Fun

»Fun« steht nicht nur für den Spaß, den du beim Kochen nach diesem Rezeptbuch hast, sondern es ist auch das chinesische Wort für frische breite Bandnudeln. Fachlich gesehen ist dieses Rezept ein »trockener« Chow Fun, das heißt, das Gericht enthält sehr wenig Bratensauce. Es gibt auch eine Variante, bei der sehr viel Sauce entsteht.

FÜR 4–6 PORTIONEN

240 g Rinderlappen, Fett und Bindegewebe entfernt

¼ TL Natron

1 EL (15 ml) chinesische dunkle Sojasauce

1½ EL (12 g) Maisstärke

4½ EL (65 ml) Pflanzenöl, Menge aufgeteilt

2 Scheiben Ingwer, in sehr dünne Stifte (Julienne) geschnitten

2 Knoblauchzehen, fein gehackt

450 g frische breite Reisnudeln (hor fun), getrennt

110 g Bohnensprossen

2 Frühlingszwiebeln, in 5 cm große Stücke geschnitten

4 EL (60 ml) Austernsauce

3 EL (45 ml) chinesische dunkle Sojasauce

Das Rindfleisch quer zur Faser in 6 mm dicke Scheiben schneiden. Das Fleisch in eine flache Schüssel legen und Natron, Sojasauce, Maisstärke und 1½ EL (20 ml) Pflanzenöl dazugeben. Alle Zutaten in das Fleisch einreiben und dabei mischen. Bis zum Gebrauch beiseite stellen oder zugedeckt ein paar Tage im Kühlschrank aufbewahren.

Einen Wok oder eine große Pfanne bei starker Hitze erhitzen, bis sich weißer Rauch bildet. 1 EL (15 ml) Öl, Ingwer und Knoblauch in den Wok geben und etwa 15–30 Sekunden unter Rühren anbraten, bis sich ein feines Aroma entwickelt. Das Fleisch vorsichtig dazugeben und im Wok verteilen. 30–60 Sekunden ungestört anbraten, sodass es leicht bräunen kann. Anschließend 1–2 Minuten unter Rühren braten, bis das Rindfleisch gebräunt, aber noch englisch ist (also roh im inneren Kern).

Die restlichen 2 EL (30 ml) Öl zusammen mit den Nudeln in den Wok geben und diese verteilen, um möglichst viel Fläche zu bedecken. Ungestört etwa 30 Sekunden anbraten, bis die Ränder leicht knusprig werden. Die Bohnensprossen zugeben und 1 Minute weiter unter Rühren braten, bis sie aromatisch und zart sind. Frühlingszwiebeln, Austernsauce und Sojasauce zugeben und 1–2 Minuten rühren, bis alles gut durcherhitzt und vermengt ist. Wer Nudelgerichte mit etwas mehr Sauce liebt, rührt 2 TL (6 g) Maisstärke, vermischt mit 60 ml Hühnerbrühe unter die fertigen Nudeln, bevor sie vom Herd genommen werden.

Profi-Tipp: **Hor fun, frische chinesische Reisnudeln, sind in den meisten China- oder Thai-Märkten beim Tofu zu finden. Dui kannst für dieses Rezept auch extra breite getrocknete Reisnudeln nehmen. Diese in 80 °C warmem Wasser etwa 45 Minuten einweichen und anschließend wie im Rezept angegeben verwenden.**

Pad See You – Thailändische Reisnudelpfanne mit Huhn

Pad See You ist für Thais das beliebteste thailändische Nudelgericht. Es hat einen rauchigen, süßen und pikanten Geschmack, der geradezu süchtig machen kann. Süße Sojasauce ist dabei eine Zutat, mit der du so bald wie möglich Bekanntschaft schließen solltest. Sie wird in China, Indonesien und Malaysia sehr viel verwendet. Es ist tatsächlich einfach eine Sojasauce auf chinesische Art, gemischt mit Molasse – verflixt einfach und lecker! Sie ist nicht sehr salzig, sondern eher süß und pikant und entscheidend für ein leckeres Pad See You. Pad bedeutet »pfannengerührt«. See You bedeutet auf Thai »Sojasauce«, ähnlich wie Shoyu auf Japanisch.

FÜR 4 PORTIONEN

3 EL (45 ml) chinesische süße Sojasauce

1 EL (15 ml) Austernsauce

2 EL (30 ml) Fischsauce

2 TL (10 g) Zucker

3 EL (45 ml) Pflanzenöl, Menge aufgeteilt

450 g Hähnchenbrust, dünn aufgeschnitten

2 Knoblauchzehen, fein gehackt

2 Eier

335 g Brokkoliröschen

960 g frische Reisnudeln, getrennt

½ TL weißer Pfeffer

Chinesische süße Sojasauce, Austernsauce, Fischsauce und Zucker in einer kleinen Schüssel mischen und beiseite stellen.

2 EL (30 ml) Öl in einer großen Pfanne etwa 1 Minute stark erhitzen. Sobald sich weißer Rauch bildet, das Hähnchenfleisch und den Knoblauch in die Pfanne geben und etwa 1 Minute anbraten, bis das Hähnchen weitgehend angebraten und undurchsichtig ist. Kratz unbesorgt alles vom Pfannenboden ab, bevor es anbrennt.

Das restliche Öl in die Pfanne geben, anschließend die Eier. Diese etwa 30 Sekunden lang leicht verrühren, bis sie gerade gestockt sind.

Den Brokkoli zugeben und 1–2 Minuten ständig schwenken, bis er anfängt, dunkelgrün zu werden.

Die frischen Reisnudeln zugeben und in der Pfanne etwa 1 Minute braten, damit sich die Aromen aller Zutaten verbinden können. Dann die Sauce zugeben und etwa 3 Minuten ständig rühren, bis die Nudeln die Sauce aufgenommen haben und an den Rändern leicht knusprig werden.

Wenn das Hühnerfleisch gar ist und die Saucen aufgenommen wurden, mit weißem Pfeffer bestreuen und gut mischen.

Profi-Tipps: **Falls du keine frischen Reisnudeln bekommst, kannst du notfalls auch getrocknete nehmen. Reduziere die im Rezept angegebene Menge dabei allerdings auf etwa 320 g. So kannst du die Brokkoliröschen ganz schnell etwas vorgaren: Mit 1 EL (15 ml) Wasser in eine Schüssel geben, 1½ Minuten auf hoher Stufe in der Mikrowelle vorgaren, herausnehmen und fertig. Der Brokkoli hat dadurch seinen rohen Geschmack und die rohe Konsistenz verloren und ist perfekt für den Wok.**

Klassische Lo-Mein-Nudeln

Ich liebe dieses trügerisch einfache Gericht. Wenn du alle Zutaten hast, kannst du innerhalb von einer Viertelstunde ein leckeres Nudelgericht auf den Tisch bringen. Es gibt tatsächlich keine »Lo Mein«-Nudeln, such im Supermarktregal also nicht danach. Du brauchst Eiernudeln oder Pasta, die relativ dünn ist und einen gewissen Biss hat. Einige übliche Bezeichnungen für diese Gerichte sind Lo Mein, Chow Mein, Eiernudeln oder Pancit. In den meisten Märkten gibt es im Kühlregal japanische Yaki-Soba-Nudeln, die sich perfekt eignen. Auch mit Spaghetti oder Fettuccine, die al dente gekocht und unter kaltem Wasser gespült werden und anschließend in einem Sieb abtropfen, lässt sich das Gericht sehr gut zubereiten. Der traditionelle Unterschied zwischen Lo Mein und Chow Mein ist, dass Lo Mein weiche Nudeln mit etwas Bratensaft sind und Chow Mein ein knusprig gebratenes Nudelgericht, das in etwas Sauce geschwenkt wird oder auch komplett unter der Sauce verschwindet. In den 200 Jahren, in denen es chinesisches Essen in Amerika gibt, sind diese Gerichte sehr verschlungene Wege gegangen mit regional unterschiedlichen Entwicklungen. Noch ein Tipp: Sesamöl ist zwar ein Fett und du würdest annehmen, dass es zum Pfannenrühren verwendet werden sollte, behandle es aber bitte wie eine Sauce. Sesamöl hat unglaublich viel Aroma und Geschmack, verbrennt jedoch bereits bei niedrigen Temperaturen. Gib es zu einer Sauce dazu und nimm zum Braten Öle, die hohe Temperaturen vertragen wie Raps- oder Erdnussöl.

FÜR 4–6 PORTIONEN

3 EL (45 ml) Austernsauce

1 TL Sesamöl

1 EL (15 ml) Sojasauce

60 ml Hühnerbrühe

1 TL Maisstärke

3 EL (45 ml) Speiseöl

2 TL (10 g) fein gehackter Knoblauch

1½ EL (10 g) in dünne Scheiben geschnittener Ingwer

250 g Hähnchenbrust oder -schenkel, dünn geschnitten

750 g frische Nudeln

125 g Baby-Pak-Choi, Strunk weggeschnitten

3 Frühlingszwiebeln, in 4 cm lange Stücke geschnitten

Für die Sauce Austernsauce, Sesamöl, Sojasauce, Hühnerbrühe und Maisstärke in einer kleinen Schüssel zusammenrühren und beiseite stellen.

Die Pfanne stark erhitzen und das Öl hineingeben. Sobald sich weißer Rauch bildet, Knoblauch und Ingwer zugeben und etwa 20 Sekunden anbraten, bis beides leicht gebräunt ist und ein feines Aroma entwickelt. Das Hähnchenfleisch unterrühren und etwa 1 Minute medium braten.

Die Nudeln und Pak Choi unterrühren und etwa 1 Minute braten, bis der Pak Choi weich wird und eine kräftig grüne Farbe annimmt.

Die Sauce unterrühren. Sie soll in etwa 1 Minute alle Zutaten überziehen und anfangen zu köcheln.

Weiterkochen lassen, bis das Hähnchen gar ist (noch etwa 1 Minute) und die Sauce sprudelt und die Zutaten überzieht. Mit Frühlingszwiebeln garnieren und heiß servieren.

Pikante Nudeln mit Schweinehack (Dan Dan Mian)

Es ist allgemein bekannt, dass die Italiener die Herstellung von Pasta von den Chinesen gelernt haben. Lange bevor es das Ragù alla Bolognese gab, gab es bereits die Dan Dan Noodles. Das pikante Schweinehackfleisch umhüllt die Weizennudeln und passt perfekt zu dem leichten Spinat. Zur Not kannst du für dieses Rezept Linguine nehmen, auch damit wird es köstlich. Schließlich haben wir den Italienern gezeigt, wie es geht.

FÜR 4 PORTIONEN

Sauce

2 EL (15 g) in dünne Scheiben geschnittener Ingwer

60 ml chinesische süße Sojasauce

60 ml chinesische helle Sojasauce

1–2 EL (15–30 ml) Sambal-Chilisauce

2 TL (10 ml) chinesischer schwarzer Essig

½ TL gem. Szechuanpfeffer

Nudeln

500 g getr. chinesische Weizennudeln

2 EL (30 ml) Pflanzenöl

2 EL (20 g) gehackter Knoblauch

4 EL (60 g) eingelegtes Tianjin-Gemüse, gespült

225 g Babyspinat

500 g Schweinehackfleisch

3 EL (45 ml) Sherry

3 Frühlingszwiebeln, nur das Grüne, in dünne Ringe geschnitten

Zubereitung der Sauce

Die Zutaten für die Sauce in einer kleinen Schüssel mischen und beiseite stellen.

Zubereitung der Nudeln

3 l Wasser in einem Topf mit 6 l Fassungsvermögen aufkochen. Die Nudeln darin in etwa 10 Minuten al dente kochen, in einem Sieb spülen und gründlich abtropfen lassen. Die Nudeln in eine große Servierschüssel geben.

Das Pflanzenöl in einem Wok bei starker Hitze erhitzen. Sobald sich weißer Rauch bildet, Knoblauch, eingelegtes Gemüse und Babyspinat dazugeben und 30 Sekunden unter Rühren anbraten. Das Hackfleisch zugeben, zerkrümeln und 2–3 Minuten schwenken, bis es weitgehend gar ist. Mit Sherry ablöschen und die beiseite gestellte Sauce zugeben. Unter ständigem Rühren und Schwenken noch etwa 1 Minute garen, bis das Fleisch vollständig durch ist.

Die Fleischsauce über die Nudeln gießen und mit Frühlingszwiebeln garnieren.

Profi-Tipp: **Eingelegtes Tianjin-Gemüse ist gesalzener Kohl, ähnlich wie Sauerkraut. Es sorgt für einen köstlichen Geschmack und umami. Solltest du es nicht bekommen, lass es weg. Es ist aber online und in vielen Asia-Läden erhältlich.**

Japanischer Nudeltopf (Nabeyaki Udon)

Japanische Nudelsuppen sind für mich die ultimative Nervennahrung. Dieses Gericht ist ein großer Topf Udon-Nudeln mit einer pikanten Sojabrühe, Gemüse, Garnelen und pochierten Eiern. Ein großer Tontopf mit Deckel heißt »nabe«, daher die Bezeichnung Nabeyaki. Yaki bedeutet »gekocht«, der Name bedeutet also einfach »Udon-Nudeln, in einem Tontopf gekocht«. Es ist eine alte authentische Kochmethode, bei der zuerst die Brühe zubereitet wird, alle Zutaten ungekocht in den Topf kommen und dann alles zusammen erhitzt wird. Dabei entwickeln sich die Aromen aller Zutaten in und mit der Brühe.

FÜR 4 PORTIONEN

Nudelsuppe (Kake-Jiru)

960 ml Dashi-Brühe (Seite 167)

2 TL (10 g) Salz

90 ml Sojasauce

2 EL (30 g) Zucker

2 EL (30 ml) Mirin

Suppeneinlage

230 g getr. Udon-Nudeln

95 g mittelgroße Garnelen, geputzt und entdarmt, mit Schwanz

4 frische Shiitakepilze, in Scheiben geschnitten

2–3 Frühlingszwiebeln, in Scheiben geschnitten

1 Ei

Zubereitung der Suppe

Alle Zutaten für die Suppe in einem kleinen Suppentopf aufkochen. Vom Herd nehmen und beiseite stellen. Die Suppe hält sich im Kühlschrank 3–5 Tage.

Zubereitung der Suppeneinlage

Zum Zubereiten der Udon-Nudeln genügend Wasser aufkochen, um die Nudeln zu bedecken. Die Nudeln dazugeben und in etwa 10–12 Minuten al dente kochen. In kaltem Wasser abschrecken, spülen und beiseite stellen.

In einem Donabe (japanischer Schmortopf) oder mittelgroßen Topf die Nudeln auf dem Topfboden verteilen. Garnelen, Shiitakepilze und Frühlingszwiebeln darüber verteilen. Genügend der beiseite gestellten Suppe darübergeben, um die Nudeln zu bedecken. Den Topf zudecken und den Inhalt etwa 6 Minuten köcheln lassen, bis die Garnelen rosa sind. Das Ei in der Mitte des Topfes aufschlagen, den Deckel wieder aufsetzen und etwa 4 Minuten köcheln lassen, bis das Ei gekocht, in der Mitte aber noch flüssig ist. Als Eintopf servieren.

Kalte Soba-Nudeln mit Dip-Sauce (Zaru Soba)

Abgekühlte Buchweizennudeln (Soba) werden traditionell auf Korbgeflecht-»Tellern« oder in viereckigen Bambusboxen mit Siebboden serviert, dazu gibt es eine große Tasse aromatische kalte Dip-Sauce. Kräftiger Wasabi-Meerrettich und fein gehackte Frühlingszwiebeln werden nach Belieben unter die Dip-Sauce gemischt. Dieses Gericht ist als perfektes Essen für einen heißen und schwülen Sommertag allgemein beliebt, wobei jede Region ihre eigene Art des Servierens hat.

FÜR 2–4 PORTIONEN

230 g Soba (getr. Buchweizennudeln)

600 ml Dip-Sauce für Nudeln (Seite 81)

50 g Nori-Algen, fein gehobelt

4 TL (20 g) Wasabi-Meerrettich

16 g Frühlingszwiebeln, fein gehackt

2 l Wasser in einem Topf mit 4 l Fassungsvermögen aufkochen. Die getrockneten Soba-Nudeln darin nach Packunsanweisung kochen. Die Nudeln herausnehmen, unter kaltem fließenden Wasser abschrecken, dann mit den Händen spülen, um Stärke von der Oberfläche zu entfernen. Abtropfen lassen und auf 4 Tellern verteilen.

Auf jede Nudelportion gehobelte Nori-Algen streuen. Die Dip-Sauce in einzelnen kleinen Tassen oder Schüsselchen servieren. Die pikanten Beilagen (Wasabi-Meerrettich und Frühlingszwiebeln) zur Selbstbedienung auf Serviertellern verteilen.

Um die Nudeln wie ein Profi zu essen, etwas Wasabi und etwa 1 EL (20 g) fein gehackte Frühlingszwiebeln unter die Dip-Sauce mischen. Nudeln aufnehmen, in die Sauce dippen und essen. Dabei darf auch geschlürft werden.

Dip-Sauce für Nudeln (Tsuke-Jiru)

Die Dip-Sauce zu den kalten Soba-Nudeln. Schmeckt auch heiß sehr gut.

FÜR ETWA 700 ML

2 TL (10 ml) Instant Dashi-Brühe

600 ml Wasser

150 ml Sojasauce

60 ml Mirin

1 TL Zucker

35 g Bonito-Flocken (Katsuobushi)

In einem mittelgroßen Topf alle Zutaten mit Ausnahme der Bonito-Flocken mischen und bei mittelstarker Hitze aufkochen. Die Bonito-Flocken unterrühren und den Topf sofort vom Herd nehmen. Etwa 10 Sekunden warten, bis die Flocken gründlich eingeweicht sind, dann durchseihen. Die Flüssigkeit für den Gebrauch auf Zimmertemperatur abkühlen lassen. Du kannst diese Dip-Sauce auch vorab zubereiten. Sie hält sich im Kühlschrank mehrere Monate.

Koreanische Glasnudeln mit Rindfleisch (Chap Chae)

Dieses köstliche koreanische Nudelgericht aus der Pfanne wird zu wenig gewürdigt und ist wenig bekannt. Dabei ist es auch eine tolle Möglichkeit, das Bulgogi-Rezept (Seite 48) zu verwenden. Diese Nudeln werden aus Kartoffelstärke hergestellt, entsprechen also Glasnudeln – sehr glitschig, kohlenhydratarm und köstlich! Ersetzen lassen sich diese Nudeln im vorliegenden Rezept durch jede andere Nudelsorte, die sich gut in der Pfanne braten lässt, einschließlich Spaghetti oder Linguine.

FÜR 4–6 PORTIONEN

240 g Glasnudeln aus Weizen (auch bekannt als Nudeln aus Kartoffelstärke)

2–4 EL (30–60 ml) Speiseöl

2 Knoblauchzehen, gehackt

240 g Bulgogi (Seite 48)

10 Champignons, geviertelt

½ mittelgroße Zwiebel, gehackt

½ Karotte, in feine Streifen geschnitten

½ grüne Paprikaschote, in feine Streifen geschnitten

30 g Babyspinat

1 EL (12 g) Sesamsamen, geröstet

2 EL (30 ml) Sesamöl

120 ml Sojasauce

2 EL (30 g) Zucker

Salz und Pfeffer nach Geschmack

3 l Wasser in einem Suppentopf mit 6 l Fassungsvermögen sprudelnd aufkochen. Die Nudeln darin 6–8 Minuten al dente kochen. In einem Sieb abgießen und ein paar Minuten unter fließendem kalten Wasser abkühlen lassen und die Stärke abspülen. Gründlich abtropfen lassen, dann die Nudeln in 7,5 oder 10 cm lange Stücke schneiden und beiseite stellen.

In einer großen Pfanne bei starker Hitze das Öl 1–2 Minuten erhitzen. Den Knoblauch zugeben und etwa 30 Sekunden unter ständigem Rühren anbraten. Das Bulgogi in die Pfanne geben und 2–3 Minuten medium braten. Pilze, Zwiebel, Karotte und Paprika zugeben und etwa 1 Minute braten, bis alles etwas weich geworden ist. Nudeln und Spinat zugeben und unter ständigem Rühren mischen. Sesamsamen, Sesamöl, Sojasauce, Zucker, Salz und Pfeffer zugeben. Noch 1 Minute garen, bis die Nudeln von der Sauce gut überzogen sind und alles Gemüse etwas weich geworden ist.

Vegane Drunken Noodles (»Betrunkene Nudeln«)

Diese Version biete ich in meinen Restaurants seit Jahren an, sie eignet sich bestens für fleischfreie Tage. Im Internet ist vegetarische Austernsauce zu bekommen, sie ist entscheidend für diese vegane Version. Maggi-Würzsauce ist mit anderen Würzmitteln angereichert und voller umami.

FÜR 2–4 PORTIONEN

Sauce

5 EL (75 ml) süße Sojasauce

3 EL (45 ml) vegetarische Austernsauce

3 EL (45 ml) Maggi-Würzsauce

2 EL (30 g) Zucker

2 TL (10 ml) Sriracha-Sauce

2 TL (6 g) fein gehackter Knoblauch

6–8 Thai-Basilikumblätter, in Streifen geschnitten geschnitten

Drunken Noodles

3 EL (45 ml) Raps- oder Erdnussöl

2–3 Knoblauchzehen, fein gehackt

1–2 Serrano-Chilischoten, in dünne Streifen geschnitten

145 g extra fester Tofu, in 2 cm große Würfel geschnitten

½ mittelgroße weiße Zwiebel, in Scheiben geschnitten

675–910 g frische Reisnudeln, getrennt

120 g Traubentomaten, halbiert

40 g Thai-Basilikumblätter

Zubereitung der Sauce

Die Zutaten für die Sauce in einer kleinen Schüssel mischen und beiseite stellen.

Zubereitung der Nudeln

Das Öl bei mittelstarker Hitze in einer mittelgroßen Sauteuse erhitzen. Sobald sich weißer Rauch bildet, den Knoblauch in dem Öl hellbraun anbraten. Chilischoten, Tofuwürfel und Zwiebel zugeben und 1–2 Minuten schwenken, bis der Tofu leicht bräunt.

Die frischen Reisnudeln zugeben und etwa 2 Minuten anbraten, bis die Nudeln weich und an den Rändern leicht gebräunt sind.

Sauce, Tomaten und Basilikum zugeben. Zum Mischen etwa 3–5 Minuten schwenken. Die Nudeln sollen die Sauce vollständig aufsaugen.

Veganes Pad Thai

Veganes Essen ist köstlich! Yeah, diese Behauptung werde ich dir beweisen. Die meisten laufen vor dem V-Wort davon, was tatsächlich daran liegt, dass die wenigsten Köche es verstehen, ohne Fleisch zu kochen. Es ist ganz einfach so, dass Fleisch und Fleischprodukte von Natur aus voller umami sind und daher von jedem lecker zubereitet werden können. Gemüse, Obst und Stärkeprodukte schmackhaft zuzubereiten ist schwieriger, aber absolut machbar. Es kommt darauf an, über Aromen und Geschmack neu nachzudenken. Entscheidend ist, die Zubereitung neuer Saucen und Geschmackskombinationen zu lernen. Bei diesem Gericht wird die Fischsauce durch Sojasauce oder flüssige Aminosäuren ersetzt, und die getrockneten Garnelen werden weggelassen. Wenn du öfter vegan kochen willst, schau dir die Saucen auf Basis von Aminosäuren einmal genauer an. Es klingt nach einem wissenschaftlichen Experiment, diese Saucen sind aber tatsächlich ein großartiger Ersatz für Fischsauce und für asiatische Gerichte gut geeignet.

FÜR 4 PORTIONEN

720 g Pad Thai-Nudeln (Reisnudeln)

3 EL (45 ml) Sojasauce oder Bragg Liquid Aminos (flüssige Aminosäuren)

1 EL (15 g) Thai-Tamarindenpaste (siehe hierzu Seite 8)

1 TL Reisessig

4 EL (50 g) Zucker

60 ml Wasser

2 EL (30 ml) Öl

3–4 Knoblauchzehen, grob gehackt

95 g gebackener Tofu, gewürfelt

1½ EL (25 g) fein gehackte, abgepackte, süß eingelegte Rüben

1 EL (8 g) Paprikapulver (nach Belieben)

3–4 Frühlingszwiebeln, schräg in 5 cm lange Stücke geschnitten

50 g ungesalzene Erdnüsse, gehackt und trocken geröstet, Menge aufgeteilt

40 g Bohnensprossen

Die getrockneten Nudeln in einer großen Schüssel mit 32 °C warmem Wasser etwa 1 Stunde lang einweichen. Die Nudeln fangen an, Wasser aufzunehmen, sich voneinander zu lösen und werden so bereit für die Pfanne.

Für die Sauce die Sojasauce, Tamarindenpaste, Reisessig, Zucker und Wasser in einer kleinen Schüssel mischen. Gründlich verrühren, bis sich der Zucker gut aufgelöst hat.

Eine Pfanne oder einen Wok bei starker Hitze etwa 1 Minute gut erhitzen. Das Öl zugeben und in der Pfanne schwenken, um es gut zu verteilen. Sobald Pfanne oder Wok zu rauchen beginnen, Knoblauch zugeben und etwa 5 Sekunden unter Rühren anbraten. Tofu und Rüben zugeben und etwa 1 Minute unter Rühren braten, bis sich ein feines Aroma entwickelt.

Die abgetropften Nudeln zugeben und 2–3 Minuten mitbraten, bis sie weich sind. Die Saucenmischung und das Paprikapulver (falls verwendet) zugeben und etwa 2 Minuten untermischen, bis das Paprikapulver die Nudeln gleichmäßig färbt und die Flüssigkeit vollständig aufgenommen wurde.

Die Frühlingszwiebeln in die Mitte der Nudelpfanne geben, mit einigen Nudeln abdecken und 30 Sekunden dünsten. 3 EL (30 g) Erdnüsse unterrühren. Auf eine Servierplatte geben und mit Bohnensprossen und den restlichen Erdnüssen garnieren.

Suppen, Currys und größere Platten

Der Begriff »große Platte« ist in der Welt der asiatischen Küche ziemlich relativ, aber dennoch sehr wichtig. Wie die Ausgewogenheit der Aromen beim Yum sollte auch die Balance der Zutaten stimmen. So dürfte es selten vorkommen, mehrere Gänge derselben Fleischsorte oder desselben Stärkeprodukts zu essen. Ebenso wird man selten zwei verschiedene Reisgerichte oder mehrere Nudelgerichte auf einem Tisch sehen. Was bei jeder Mahlzeit gegessen wird, sind Speisenkombinationen, also beispielsweise ein Gemüse, eine Fleischsorte, eine Sorte Meeresfrüchte und zur Abrundung ein Stärkeprodukt.

In diesem Kapitel findest du einige Klassiker wie Tom-Yum-Suppe (Seite 92), Miso-Suppe (Seite 96) und Wan-Tan-Suppe (Seite 99). Ich hoffe, dass du auch einige großartige neue Gerichte entdecken wirst wie den gedünsteten Fisch mit Ingwer und Frühlingszwiebeln. Koch etwas Vertrautes und wage dich anschließend an etwas völlig Neues.

Die Kochmethoden werden ebenfalls methodisch voneinander getrennt. Da ist zuerst einmal der Unterschied zwischen feuchter und trockener Hitze. Zu den feuchten Methoden gehören das Kochen, Dünsten, Schmoren etc. Trockene Methoden sind das kurze Anbraten, Rösten, Backen, Grillen und Braten/ Frittieren (ob du es glaubst oder nicht). Die meisten Gerichte in diesem Kapitel arbeiten mit der Methode der feuchten Hitze.

Ein Curry ist ein Sonderfall, weil dabei eine Kombination verschiedener Methoden zum Einsatz kommt. Es beginnt mit dem Braten der Currypaste (trockene Hitze), dann jedoch wird Kokosmilch zugegeben, um die Zutaten im Wok oder in der Pfanne zu schmoren. Hintergründe und Methodisches sind in den jeweiligen Einleitungstexten zu jedem Rezept zu finden. Ein sehr wichtiger Punkt bei der Nutzung von Kokosmilch ist jedoch, die Dose niemals zu schütteln. Ich weiß, was du jetzt denkst – es steht doch sogar auf der Dose, dass man sie schütteln soll. Ein echter asiatischer Koch weiß jedoch, dass sich in einer Dose Kokosmilch tatsächlich drei Zutaten befinden. Wird die Dose nicht geschüttelt, bestehen die oberen 13–19 Prozent des Doseninhalts aus reinem Kokosöl (Rahm), das sich großartig zum kurzen Anbraten eignet. Der untere Teil ist leichte Kokosmilch. Zusammengeschüttelt ist es Kokosmilch mit höherem Fettgehalt. Jedes hat seinen Einsatzbereich und beim Thai-Curry kommen alle drei zu ihrem Recht.

Panang Chicken Curry

Das Wort Curry oder Karē bedeutet einfach gewürzte Sauce, nicht sehr viel anders als Gumbo oder Mole. Thais verwenden üblicherweise Kokosmilch als Garflüssigkeit und dazu frische Kräuter als Aromabasis. Für eine Curry-Grundpaste werden Zitronengras, Schalotten, Kaffirlimettenblätter, Knoblauch und Garnelenpaste zusammen zu einer glatten Paste vermahlen. Wenn du die Paste mit roten Chilischoten zubereitest, bekommst du eine rote Currypaste. Grüne Chilischoten ergeben eine grüne Currypaste. Panang wird mit einer Kombination aus roten Chilischoten und getrockneten Chilis zubereitet und passt super zu Huhn, Rind oder Ente.

FÜR 4–6 PORTIONEN

1,4 l Vollfett-Kokosmilch, 3 EL (45 ml) des Rahms werden separat verwendet

4 EL (60 g) Panang-Currypaste

2 Kaffirlimettenblätter, in feine Streifen geschnitten

95 g braune Zwiebel, in dünne Scheiben geschnitten

95 g süßer Thai-Basilikum, mit Stielen grob gehackt

680 g Hähnchenbrust, in 6 mm dicke mundgerechte Stücke geschnitten

240 g Bambussprossen aus der Dose, in Scheiben geschnitten

95 g rote Paprikaschote, in Streifen geschnitten

2 TL (10 ml) Fischsauce

½ EL (10 g) Tamarindenpaste (siehe hierzu Seite 8)

1 TL Zucker

In einem mittelgroßen Topf 3 EL (45 ml) dicken Kokosrahm etwa 1 Minute lang bei starker Hitze erhitzen. Wenn der Rahm zu brutzeln beginnt, die Currypaste einrühren wie für eine Mehlschwitze. Die Limettenblätter zugeben. Die Paste etwa 1 Minute unter Rühren braten, bis sie anfängt einzudicken, auszutrocknen und ein feines Aroma zu entwickeln. Wenn das Curry zu sprudeln beginnt, eine kleine Menge Kokosmilch zugeben, um die Paste rührfähig zu halten. Die Paste garen, bis sie die Konsistenz von Erdnussbutter hat.

Zwiebel, Basilikum und restliche Kokosmilch unter die Currypaste rühren. Erhitzen, bis sie kräftig kocht. Das Curry 10–20 Minuten kochen lassen, bis es um etwa ein Viertel reduziert ist oder auf dem Rücken eines Holzlöffels einen Überzug bildet.

Die Wärmezufuhr reduzieren, sodass das Curry köchelt. Hähnchenfleisch, Bambussprossen, rote Paprika, Fischsauce, Tamarindenpaste und Zucker zugeben. Etwa 10 Minuten köcheln lassen, bis das Hähnchen gar ist. Heiß auf gekochtem Reis servieren.

Profi-Tipp: Nicht vergessen: eine Dose Kokosmilch niemals schütteln! Der Rahm soll sich von selbst trennen und nach oben steigen. Dieser natürliche Kokosrahm kann wie Speiseöl zum Braten der Currypasten verwendet werden.

Grünes Thai-Curry mit Huhn und Süßkartoffel

Dieses Rezept kannst du für jedes beliebige Curry verwenden. Wer sein Essen richtig scharf mag, kann versuchen, getrocknete Chiliflocken oder ganze frische Chilischoten zuzugeben. Curry ist ein einfaches, herzhaftes Gericht. Dabei kannst du nach Belieben kreativ werden. Auch hier gilt wie überall: Übung macht den Meister.

FÜR 4 PORTIONEN

1,4 l Vollfett-Kokosmilch, davon 3 EL (45 ml) Rahm gesondert verwenden

4–6 EL (60–90 g) grüne Currypaste

700 g Süßkartoffeln, geschält und in 2,5 cm große Würfel geschnitten

½ kleine braune Zwiebel, in dünne Scheiben geschnitten

20 g süßer Thai-Basilikum, mit Stängeln grob gehackt

700 g Hähnchenschenkel (ohne Knochen), in mundgerechte Stücke geschnitten

½ rote Paprikaschote, in kleine Würfel geschnitten

2 TL Fischsauce

1 EL (15 ml) Tamarindenpaste (siehe hierzu Seite 8)

1 TL Zucker

2 Kaffirlimettenblätter, in sehr dünne Streifen geschnitten

In einem mittelgroßen Topf 3 EL (45 ml) dicken Kokosrahm etwa 1 Minute lang bei starker Hitze erhitzen. Wenn der Rahm zu brutzeln beginnt, die Currypaste einrühren wie für eine Mehlschwitze. Die Paste etwa 1 Minute unter Rühren braten, bis sie anfängt einzudicken, auszutrocknen und ein feines Aroma zu entwickeln. Wenn das Curry zu sprudeln beginnt, eine kleine Menge Kokosmilch zugeben, um die Paste rührfähig zu halten. Die Paste garen, bis sie die Konsistenz von Erdnussbutter hat.

Süßkartoffelwürfel, Zwiebel, Basilikum und restliche Kokosmilch in die Currypaste rühren. Die Wärmezufuhr höher schalten, bis alles kräftig kocht, dann die Hitze herunterschalten, damit es weiter köcheln kann. Das Curry 10–15 Minuten köcheln lassen, bis die Kartoffeln gabelzart sind. Auch überprüfen, dass das Curry dick genug ist; dies ist der Fall, wenn es auf dem Rücken eines Holzlöffels einen Überzug bildet.

Hähnchenfleisch und Paprikaschote, Fischsauce, Tamarindenpaste und Zucker zugeben. Noch etwa 5 Minuten köcheln lassen, bis das Hähnchen durchgegart ist. Heiß auf gekochtem Reis servieren. Mit Thai-Basilikum und Kaffirlimettenblättern garnieren.

Heiße und saure Eierflaumsuppe

Ein weiterer Wohlfühlklassiker, der schnell und einfach zubereitet ist. Bei den Gemüsekombinationen kannst du ganz nach Geschmack wählen. Achte darauf, die Eier nicht zu schnell in die Suppe laufen zu lassen. Es sollen lange fluffige Flocken entstehen, keine feinen Fäden. Wer die Suppe nicht nur heiß, sondern auch scharf möchte, gibt 1 EL (10 g) getrocknete Chiliflocken dazu.

FÜR 4 PORTIONEN

960 ml chinesischer Hühnersuppenfond (Seite 168)

4 frische Shiitakepilze, in dünne Scheiben geschnitten

85 g Bambussprossen, gewürfelt

1 TL Sojasauce

½ TL weißer Zucker

1 TL Salz

½ TL gem. weißer Pfeffer

2 EL (30 ml) Rotweinessig

1 TL Sesamöl

2 EL (16 g) Maisstärke

2 EL (30 ml) Wasser

120 g abgepackter fester Tofu, gewürfelt

1 Ei

2 EL (6 g) dünn geschnittene Frühlingszwiebeln

Die Hühnerbrühe bei mittelstarker Hitze in einem mittelgroßen Topf zum Köcheln bringen.

Pilze und Bambussprossen, Sojasauce, Zucker, Salz, weißen Pfeffer, Essig und Sesamöl einrühren und etwa 5 Minuten köcheln lassen. Die Menge der Geschmacksstoffe kannst du nach deinen Vorlieben anpassen.

In einer gesonderten kleinen Schüssel die Maisstärke mit 2 EL (30 ml) Wasser zu einer Stärkelösung anrühren. Diese Lösung unter ständigem Rühren in die Suppe gießen. So dickt die Suppe beim Brodeln und Köcheln ein. Den Tofu zugeben und eine weitere Minute kochen lassen. Das Ei in eine Schüssel aufschlagen und mit einem Schneebesen schlagen, bis Eiweiß und Eigelb von gleichmäßig gelber Farbe sind. Das rohe Ei in die köchelnde Suppe tropfen lassen, den Herd ausschalten. Mit dem Löffel eine Acht rühren, bis sich Eierflocken oder -fäden zu bilden beginnen. Mit Frühlingszwiebeln garniert heiß servieren.

Tom-Yum-Suppe

Tom Yum, die beliebteste Thai-Suppe, ist für ihre heilkräftigen und stärkenden Eigenschaften bekannt (es heißt, sie sei ein starker Konkurrent der Hühnersuppe mit Nudeln). Ich serviere die Suppe gerne mit den ganzen Stücken Galgant (Thai-Ingwer), Zitronengras und den Kaffirlimettenblättern aus der Brühe, du kannst sie jedoch auch durchseihen, wenn dir die Stücke zu groß sind oder der Geschmack zu kräftig ist.

FÜR ETWA 1 L

1 l Thai-Hühnerbrühe (Seite 166)

8–10 mittelgroße Garnelen, geschält und entdarmt

1 Dose (à 425 g) ganze geschälte Strohpilze, abgetropft und gespült

2–4 getr. Thai-Chilis oder Arbol-Chilis, je nach gewünschtem Schärfegrad

4–6 EL (60–90 ml) Fischsauce

1 TL gekörnte Hühnerbrühe

6 EL (60–90 ml) Limettensaft

3 EL (45 g) Chilipaste in Sojabohnenöl (sie ist milder als andere Chilipaste, siehe Profi-Tipp Seite 95)

3 Kaffirlimettenblätter

frischer Koriander zum Garnieren

Die Thai-Hühnerbrühe bei mittelstarker Hitze in einem Topf mit 3 l Fassungsvermögen zum Köcheln bringen. Sobald die Brühe köchelt, Garnelen, Pilze und Chilischoten zugeben und 2–3 Minuten köcheln lassen, bis die Garnelen rosa und weitgehend durchgegart sind.

Fischsauce, gekörnte Brühe, Limettensaft und Chilipaste einrühren. Die Chilipaste ist dick wie Honig und braucht eventuell etwas Hilfe, um sich in der Suppe aufzulösen. Mit einem Schneebesen gelingt dies gut.

Die Suppe abschmecken. Soll sie salziger werden, etwas mehr Fischsauce zugeben. Falls Säure fehlt, mehr Limettensaft zugeben. Mit Limettenblättern und Koriander garnieren.

Profi-Tipp: **Die Schärfe von Arbol-Chilischoten ist ähnlich der von Cayennepfeffer. Falls du Schärfe noch nicht gewohnt bist, nimm zu Beginn etwas weniger Chili und taste dich nach und nach an die angegebene Menge heran.**

Kokos-Hühnersuppe (Tom Kha Gai)

Kha ist das Thai-Wort für Galgant, ein Würzkraut, das an Ingwer erinnert, aber völlig anders schmeckt. Galgant ist sehr pikant und krautartig, mit einem starken Pinienduft. Er ist erfrischend und bildet die Grundlage dieser köstlichen Suppe. Es wird viel darüber diskutiert, ob Hähnchenbrust oder Hähnchenschenkel zu bevorzugen sind. Ich persönlich liebe Hähnchenschenkel und sie passen für alle meine Rezepte. Hab keine Hemmungen, mit dem Verhältnis zwischen Kokosmilch und Brühe zu experimentieren. Wer die Suppe gerne cremiger hat, nimmt mehr Kokosmilch.

FÜR ETWA 1 L

720 ml Thai-Hühnerbrühe (Seite 166)

180 g Hähnchenbrust, ohne Knochen, ohne Haut, in 2,5 cm große Würfel geschnitten

1 Dose (à 425 g) Strohpilze, abgetropft

1–3 Thai-Chilis, aufgeschlitzt

5 EL (75 ml) Fischsauce

4 EL (60 ml) Limettensaft

400 ml Kokosmilch (Vollfettstufe)

1 EL (15 ml) Chilipaste in Sojabohnenöl

330 g Kohl, gehackt

Thai-Kaffirlimettenblätter, zum Garnieren

frische Korianderblätter, zum Garnieren

Die Thai-Hühnerbrühe bei mittelstarker Hitze in einem großen Topf zum Köcheln bringen.

Hähnchenfleisch, Pilze und Chilis zugeben und etwa 4 Minuten köcheln lassen, bis das Fleisch durchgegart ist.

Fischsauce, Limettensaft, Kokosmilch und Chilipaste einrühren. Gehackten Kohl zugeben und etwa 1 Minute mitkochen, bis er gerade weich wird.

Die Suppe auf die Servierschüsseln verteilen und jeweils mit 1–2 Limettenblättern und Koriander garnieren.

Profi-Tipp: **Chilipaste in Sojabohnenöl gibt es nur in der Thai-Küche. Der Name könnte vermuten lassen, dass sie pikant ist, sie ist jedoch sehr mild. Sie liefert viele Umami-Noten und ihre typische schöne rote Farbe.**

Miso-Suppe mit Tofu

Miso-Paste ist reines umami. Lediglich drei Inhaltsstoffe ergeben eine der komplexesten Kombinationen von pikant, salzig und natürlicher Süße. Es gibt sie in drei Fermentationsstufen und damit drei Stufen der Intensität. Weiße Miso-Paste ist süßer, weniger pikant. Gelbe Miso-Paste ist ein Mittelding mit einer ausgewogen pikanten Süße. In dieser Form ist Miso am üblichsten und wird so am meisten verwendet. Rote Miso-Paste ist länger fermentiert und hat einen angenehm intensiven Geschmack. Ich bevorzuge die rote Paste und bin mir sicher, du wirst sie ebenfalls lieben. Dashi-Brühe ist ein Grundbaustein der japanischen Küche und schmeckt am besten, wenn sie von Grund auf selbst zubereitet wird (siehe Seite 167). Die Verbindung aus Dashi und Miso in dieser Miso-Suppe ist eine wunderbare Kombination. Die Salzigkeit wird durch die Miso-Menge kontrolliert. Wer die Suppe etwas salziger und kräftiger mag, nimmt mehr Miso.

FÜR 4 PORTIONEN

700–950 ml Dashi-Brühe (Seite 167)

50 g frische Shiitakepilze, in sehr dünne Scheiben geschnitten

50 g getr. Wakame-Algen, gespült und gehackt

50–100 g rotes Miso

100 g-Block weicher Tofu in Wasser, in kleine Würfel geschnitten

2–3 Frühlingszwiebeln, schräg in dünne Scheiben geschnitten

Die Brühe in einem mittelgroßen Topf bei mittelstarker Hitze bis kurz vor dem Köcheln erhitzen.

Pilze und Algen zugeben und etwa 5 Minuten köcheln lassen, bis die Pilze weich geworden sind.

Ein kleines Sieb so in den Topf eintauchen, dass der Rand direkt oberhalb der Brühe ist. Das Miso in das Sieb geben und mit einem Holzlöffel durch das Sieb in die Suppe streichen. So wird eine Klumpenbildung vermieden. Kräftig rühren und die Suppe abschmecken. Falls sie nicht salzig genug ist, noch etwas Miso zugeben.

Tofu und Frühlingszwiebeln zugeben und etwa 1 Minute kochen lassen. Die Frühlingszwiebeln würzen die Suppe und verleihen ihr eine erdige Süße.

Wan-Tan-Suppe

Wan Tans sind Teigtaschen und haben tatsächlich viel Ähnlichkeit mit Siu Mai. Die beiden Füllungen sind absolut austauschbar. Die kleinen Suppenklößchen sind auch für sich allein lecker, ohne die Suppe. Du kannst sie aufkochen und auf einem Teller servieren. Mit etwas Chili oder Soja ergeben sie eine super Vorspeise.

FÜR 24 WAN TANS

Teigtaschen

450 g mageres grobes Schweinehackfleisch

450 g Garnelen, grob gehackt

2 EL (30 ml) dünne Sojasauce

2 EL (30 ml) Austernsauce

einige Tropfen Sesamöl

2 TL (10 ml) Sherry

1 TL Zucker

1 Frühlingszwiebel, fein gehackt

1 TL Maisstärke

1 Prise Salz

2 Prisen weißer Pfeffer

24 Wan-Tan-Teigplatten

Suppe

3 l Wasser zum Kochen der Wan Tans

1,2 l chinesische Hühnerbrühe (Seite 168)

3 Frühlingszwiebeln, in dünne Ringe geschnitten

1 TL Sesamöl

Zubereitung der Teigtaschen

Alle Zutaten für die Teigtaschen außer der Wan-Tan-Teigplatten in einer großen Schüssel gründlich mischen. Leg eine Wan-Tan-Teigplatte vor dich. Die übrigen Teigplatten mit einem feuchten Küchentuch abdecken, damit sie nicht austrocknen. Alle Ränder der Teigplatte mit Wasser befeuchten. Einen gehäuften Teelöffel Füllung in die Mitte setzen. Die Teigplatte der Länge nach in der Mitte zusammenklappen; dabei darauf achten, dass die Ränder genau übereinanderliegen. Die Enden fest zusammendrücken, um die Klößchen zu verschließen. Mit den Daumen die Füllung von den Rändern genau in die Mitte verschieben. Die Daumen dort liegen lassen und den Teig ein weiteres Mal zusammenfalten. Die Ecken nach oben ziehen und zwischen Daumen und Zeigefinger halten. Die Ecken mit den Fingern befeuchten und beide Enden überlappend zusammenlegen. Zum Verschließen zusammendrücken. Das fertige Produkt sollte an Tortellini erinnern. Mit den übrigen Teigplatten wiederholen.

Zubereitung der Suppe

Das Wasser in einem großen Topf aufkochen. Die Wan Tans ins Wasser legen und darauf achten, dass sie genügend Platz haben, um im Wasser frei zu schwimmen. 5–8 Minuten kochen lassen, bis sie nach oben steigen und die Füllung durchgegart ist. Mit einer Schaumkelle aus dem Topf nehmen.

Die chinesische Hühnerbrühe in einem großen Topf aufkochen. Die Wan Tans hineingeben und erneut aufkochen. Frühlingszwiebeln dazugeben, den Topf vom Herd nehmen und unter Rühren das Sesamöl dazugeben. Die Suppe mit 3–4 Wan Tans pro Person auf die Portionsschüsseln verteilen.

Profi-Tipp: Ich serviere die Wan-Tan-Suppe auch gern mit einer Einlage aus blanchierten Zuckerschoten. Hierfür einfach etwas Wasser zum Kochen bringen und pro Portion 5-6 Zuckerschoten 3 Minuten köcheln lassen. Anschließend in Eiswasser abschrecken.

Frittierte Forelle mit Mango-Salat

Ich liebe frittierten frischen Fisch. Er ist knusprig, saftig und erinnert mich an den Mekong River in Thailand. Dieses Rezept habe ich für einen Fisch angepasst, der auf dem Markt problemlos zu bekommen ist. Forelle lässt sich sehr gut frittieren, weil sie nicht zu kompakt ist und von der Haut bis zu den Augen so herrlich knusprig ist, wie ich es liebe. Wenn du jedoch ein sanfter gebratenes Fischfilet bevorzugst, passt das ebenfalls sehr gut. Die Kombination des saucenfreien, pikanten und knusprigen Fisches mit dem erfrischenden süß-sauren Salat ist einfach köstlich. Ich habe dieses Gericht bei meinem Kochduell mit Morimoto in der TV-Serie *Iron Chef* zubereitet und hätte ihn damit beinahe geschlagen.

FÜR 4–6 PORTIONEN

900 g Forellenfilets, abgeschuppt

Salz und Pfeffer

2 Schalotten, in dünne Scheiben geschnitten

1 Knoblauchzehe, fein gehackt

1–3 Thai-Chilis, in dünne Streifen geschnitten

120 ml Limettensaft

120 ml Fischsauce

95 g brauner Zucker oder Palmzucker

450 g grüne Mango, streichholzdünn geschnitten (ersatzweise passen grüne Äpfel sehr gut)

½ rote Zwiebel, dünn geschnitten

50–95 g Cashewkerne, geröstet

1,4 l Öl zum Frittieren

3 Eier

250 g Mehl zum Bemehlen

100 g Panko-Brösel

Die Forellenfilets halbieren und mit etwas Salz und Pfeffer würzen. Mit Küchenpapier gründlich trocken tupfen und beiseite stellen.

In einem kleinen Topf Schalotten, Knoblauch und Thai-Chilis bei schwacher Hitze mischen. Limettensaft, Fischsauce und Zucker unterrühren. Die Mischung bis kurz vor dem Köcheln erhitzen. Weiterrühren, bis sich der Zucker aufgelöst hat, dann den Topf vom Herd nehmen. Die Mischung in eine Schüssel umfüllen und bis zum Servieren kühl stellen. Wenn der Fisch servierfertig ist, Mango, rote Zwiebel und Cashewkerne unter die Mischung heben.

Das Öl in einem Schmortopf mit 4–5 l Fassungsvermögen auf 182 °C erhitzen. Die Eier in eine mittelgroße Schüssel aufschlagen und mit dem Schneebesen zu einer gleichmäßigen Masse verschlagen. In eine andere Schüssel das Mehl und in eine dritte Schüssel die Panko-Brösel geben. Glückwunsch, du hast soeben eine Panierstation vorbereitet. Den Fisch im Mehl wenden und überschüssiges Mehl abschütteln. Den Fisch nun in die Eiermasse tauchen und sofort danach in den Pankobröseln wälzen. Überschüssige Brösel abschütteln und den Fisch vorsichtig in den Frittiertopf legen. Den Fisch von jeder Seite jeweils etwa 5 Minuten frittieren, bis er durchgegart ist. Auf Küchenpapier abtropfen lassen und sofort mit dem Salat servieren.

Profi-Tipp: Dieses Rezept besteht aus zwei großartigen Thai-Tipps in einem. Du wirst lernen, wie du einen wirklich knusprigen Teig für jeden Fisch oder jedes Fleisch herstellst. Auch das grüne Mango-Krautsalat-Dressing ist die klassische Kombination aus scharfen, sauren, salzigen, süßen und herzhaften Aromen. Anstatt grünen Mangos kannst du auch grüne Granny-Smith-Äpfel oder andere knackiges Obst nehmen.

Gedünsteter Schnapper mit Ingwer und Frühlingszwiebeln

Ein klassisches kantonesisches Gericht, das meine Großmutter für uns einmal pro Woche gekocht hat. Das Geheimnis bei diesem Rezept ist die pikante Sojasauce, denn sie verleiht dem Gericht sehr viel umami. Durch das Beträufeln der Frühlingszwiebeln mit heißem Öl setzen diese sehr viel Aroma frei, eine coole Methode, um Freunde zu beeindrucken. Wenn du dich von deinem Essen nicht gerne anschauen lässt, kannst du immer auf Filets zurückgreifen. Heilbutt ist einfach zu bekommen und eignet sich auch sehr gut. Bleib bei einem weißfleischigen Fisch, und das Ergebnis wird immer großartig sein!

FÜR 4 PORTIONEN

Sauce

1 EL (15 ml) Shaoxing-Reiswein zum Kochen

3 EL (45 ml) helle Sojasauce

4 EL (60 ml) Wasser

1 EL (8 g) gekörnte Hühnerbrühe

1 TL Sesamöl

2 TL (10 g) Zucker

Schnapper

900 g kleiner Meeresfisch wie Schnapper, abgeschuppt, aber mit Haut

1 Prise Salz

1 Prise weißer Pfeffer

4 chinesische schwarze Pilze, in warmem Wasser eingeweicht, bis sie weich sind, dann dünn geschnitten

5 cm Ingwer, in sehr dünne Stifte geschnitten

4 Baby-Pak-Choi, geviertelt

2 EL (30 ml) Sesamöl

2 EL (30 ml) Rapsöl

3 Frühlingszwiebeln, in sehr dünne Stifte geschnitten für die Sauce

Zubereitung der Sauce

Alle Zutaten für die Sauce in einem kleinen Topf mischen. Die Sauce zum Köcheln bringen und rühren, bis sich die Feststoffe aufgelöst haben. Vom Herd nehmen und beiseite stellen.

Zubereitung des Schnappers

Den Backofen auf 160 °C vorheizen. Den Fisch unter kaltem Wasser spülen und mit Küchenpapier trocken tupfen. Salzen und pfeffern.

Den Fisch in eine feuerfeste Form legen. Pilze und Ingwer gleichmäßig auf dem Fisch verteilen. Den Baby-Pak-Choi wie einen Rahmen um den Fisch legen. Den Fisch 10–15 Minuten dünsten, bis er durchgegart ist. Der Fisch sollte sich ganz leicht zerteilen lassen. Jegliche überschüssige Flüssigkeit sorgfältig aus der Form entfernen und den Fisch mit den Frühlingszwiebeln belegen.

Die beiden Ölsorten in einem kleinen Topf mischen und etwa 2 Minuten stark erhitzen, bis sie anfangen, zu rauchen. Das heiße Öl über die Frühlingszwiebeln träufeln, die zu knistern beginnen werden. Zum Schluss die Sauce noch einmal kurz aufwärmen und über den Fisch löffeln.

Indisches Dal (Gelbe Linsen)

Ich liebe Gerichte, die vielfältig einsetzbar sind. Dal ist einfach das indische Wort für »Hülsenfrüchte«. Für dieses Gericht wird mit gelben Linsen ein herzhaft-pikanter Eintopf zubereitet. Aber halt, das ist noch nicht alles! Wenn du den Eintopf mit mehr Brühe verdünnst, wird daraus die perfekte Linsensuppe. Mach dich auch mit dem Anrösten von Gewürzen vertraut. Dabei werden die Gewürze durch heißes Öl »geweckt«. So wie Zwiebeln und Knoblauch angebraten werden, um ihre Aromen zu erschließen, gilt dies auch für Gewürze.

FÜR 4 PORTIONEN

2 EL (30 ml) Pflanzenöl

1 mittelgroße Zwiebel, fein gehackt

2 Knoblauchzehen, fein gehackt

2 Serrano-Chilis, in Streifen geschnitten (wer es ohne Schärfe bevorzugt, lässt die Chilis weg)

2 TL (10 g) koscheres Salz (grobkörniges Natursalz)

½ TL Kurkumapulver

½ TL Garam masala

½ TL Korianderpulver

½ TL Kreuzkümmelpulver

500 g gelbe Dal-Linsen, gespült und verlesen

750 ml Wasser oder Hühnerbrühe

1 Dose (à 400 g) gehackte Tomaten

2 EL (30 g) Butter

10 g grob gehackter Koriander

Einen Topf mit 2 l Fassungsvermögen stark erhitzen und das Öl hineingeben. Nach etwa 1 Minute Zwiebel, Knoblauch, Chilis und Salz einrühren. Etwa 1 Minute anbraten, bis die Zwiebeln glasig werden. Alle Gewürze einrühren und etwa 30 Sekunden ständig rühren. So blühen die Aromen auf – nur aufpassen, dass die Gewürze nicht verbrennen.

Die gespülten Linsen in den Topf geben und mit Wasser oder Hühnerbrühe bedecken. Die gehackten Tomaten zugeben. Alles gründlich verrühren, damit nichts am Boden ansetzt. Die Wärmezufuhr reduzieren, bis alles gleichbleibend köchelt. Zudecken, dabei den Deckel nur ganz wenig offen lassen, damit Dampf entweichen kann und nichts überkocht. Etwa 45 Minuten kochen lassen, alle 10 Minuten umrühren und alles vom Boden abkratzen. Es sollte aussehen wie eine dicke sämige Suppe; Wasser oder Brühe nach Bedarf nachgießen. Sobald die Linsen cremig und weich sind, Butter und Koriander untermischen.

Geschmortes Gemüse-Korma

Ein großartiges vegetarisches Curry. Es isst sich wie ein cremiger Gemüseeintopf und passt perfekt zu einer Schüssel Basmatireis. Paneer ist ein indischer Frischkäse, der sehr viel Ähnlichkeit mit dem mexikanischen Queso fresco hat. Du kannst ihn durch Queso fresco oder einen festen Mozzarella ersetzen. Egal, welchen Käse du nimmst, bräune ihn in einer sehr heißen Pfanne mit etwas Öl an, damit er seine Textur behält.

FÜR 4 PORTIONEN

2 EL (30 ml) Pflanzenöl

1 mittelgroße Zwiebel, klein gewürfelt

½ TL fein gehackter Knoblauch

½ TL fein gehackter Ingwer

1 TL Cayennepfeffer

½ TL Kurkumapulver

1 TL Korianderpulver

1 TL Garam masala

240 ml passierte Tomaten

240 ml Wasser

95 g Karotten, schräg in Scheiben geschnitten

95 g grüne Paprikaschote, gewürfelt

95 g grüne Bohnen, in 2,5 cm große Stücke geschnitten

75 g Erbsen

240 g festkochende Kartoffeln, gewürfelt

95 g Paneer, gewürfelt und in einer gesonderten Pfanne mit etwas Öl angebräunt und beiseite gestellt

60 ml Milch

60 ml Crème double

85 g Cashewkerne, geröstet

Salz nach Belieben

Das Öl in einem Topf mit 4 l Fassungsvermögen bei mittelstarker Hitze etwa 1 Minute erhitzen. Die Zwiebel einrühren und etwa 2 Minuten anbraten, bis sie glasig ist. Knoblauch und Ingwer untermischen und 1 Minute mitbraten, bis sie ein feines Aroma entwickeln.

Cayennepfeffer, Kurkuma, Koriander und Garam masala unterrühren und anbraten, bis alles leicht blubbert, damit sich das Aroma entfaltet. Passierte Tomaten und Wasser zugeben und alles gründlich verrühren. Karotten, Paprika, Bohnen, Erbsen, Kartoffeln und angebräunten Paneer zugeben. Aufkochen lassen. Die Wärmezufuhr auf niedrig schalten und 20 Minuten köcheln lassen, bis die Kartoffeln weich sind.

Milch, Crème double und Cashewkerne unterrühren. Aufkochen und 2–3 Minuten kochen lassen. Nach Geschmack salzen, dann servieren.

Sushi, Salate und weiteres Gemüse

Hättest du eine französische Kochschule besucht, wie ich es vor vielen Jahren getan habe, wären diese Gerichte in die Zuständigkeit des Gardemanger gefallen. Das französische System einer Küchenbrigade klassifiziert Speisen nicht nur anhand der Zubereitungsmethode, sondern auch anhand der Zubereitungstemperatur. Gardemanger bezeichnet den Koch der kalten Küche. In früheren Zeiten gab es keine Kühlvorrichtungen, daher stand dieser Koch im kalten Teil der Küche. Der Gardemanger bereitet auch schönes Fingerfood zu wie Canapés, außerdem Salate und Charcuterie und fertigt Obst- und Eisschnitzereien an. Daher ergibt es durchaus Sinn, Sushi in dieses Kapitel aufzunehmen.

Bei Sushi geht es wirklich vor allem um den Reis, weil Fisch hinsichtlich Verfügbarkeit und Qualität so gleichbleibend ist. Der wahre Test für einen Sushi-Meister ist der Reis, und du wirst hier lernen, einen großartigen Reis zuzubereiten.

Ich habe hier auch alle wunderbaren Salate und kalten Gemüsegerichte aufgenommen, vom äußerst traditionellen Papaya-Salat (Seite 114) bis zum neuen, aber unumgänglichen Chinesischen Hähnchen-Salat (Seite 123). Du wirst feststellen, dass asiatische Salate ganz anders zubereitet werden. Man gibt hier kein Öl dazu, um eine Emulsion herzustellen, sondern die Salate sind leichter und besitzen sehr viel Aroma.

California Roll

Meiner Meinung nach sollte sie L. A. Roll oder L. A.-California Roll heißen, denn genau dort wurde sie im Restaurant Tokyo Kaikan erfunden. Ich aß dort in den 1970er- und 1980er-Jahren immer mit meiner Mama. Einige behaupten, die Rolle sei in Kanada entstanden, aber da bin ich völlig anderer Meinung. California Rolls schmecken mit echtem Krebsfleisch besser, und so wurden sie ursprünglich auch zubereitet. Jumbo-Lump- und Schneekrabbenbeine eignen sich super und sind einfach zu bekommen. Wenn du dich für ein Imitat entscheidest, werde ich dich nicht verurteilen ... zumindest nicht sehr. Ich finde, dieses Gericht ist ebenso authentisch wie jedes andere asiatische Gericht, das von Asiaten kreiert wurde und von Asiaten gegessen wird. Tempura wurde für die portugiesischen Fischer kreiert, die keinen rohen Fisch essen wollten. Ist es deswegen weniger authentisch? Keineswegs.

FÜR 8 ROLLEN

450 g Krebsfleisch oder Surimi (Krebsfleischimitat)

2 EL (15 g) Mayonnaise, nach Belieben

8 halbe Noriblätter

1,5 kg Sushi-Reis (Seite 170)

2½ EL (50 g) fertige Wasabi-Paste

1 Salatgurke, in 10 cm lange Stäbchen geschnitten

1 Avocado, in Streifen geschnitten

2 EL (24 g) Sesamsamen

Wasabi und eingelegter Ingwer, zum Garnieren

Sojasauce, als Dip

In einer kleinen Schüssel die Mayonnaise unter das Krebsfleisch heben und gut vermengen. Beiseite stellen.

Eine kleine Schüssel Wasser mit 1 EL (15 ml) Reisessig verwenden, um die Hände immer wieder zu befeuchten. So wird verhindert, dass der Reis an den Händen kleben bleibt. Eine Sushi-Rollmatte aus Bambus so auf ein Schneidbrett legen, dass die lange Seite nah vor dir liegt. Ein Noriblatt mit der rauen Seite nach oben so auf die Matte legen, dass die lange Seite mit dem Rand der Matte abschließt.

190 g, etwa die Größe eines Tennisballs an Reis mit der Hand nehmen und in einer dünnen gleichmäßigen Schicht auf dem gesamten Noriblatt verteilen, nur oben 1,5 cm frei lassen. 1 TL Wasabi der Länge nach in der Mitte auftragen. Direkt über diesem Strich 3 EL (etwa 50 g) Krebsfleisch, einen Gurkenstreifen und einen Avocadostreifen platzieren. Mit 1 TL Sesamsamen bestreuen. Insgesamt nicht zu viel auftragen.

Das Ende der Matte anheben und beim Aufrollen mit den Fingerspitzen die Füllung und den Reis seitlich festhalten. Beim weiteren Aufrollen den umgeklappten Rand der Bambusmatte nach vorne ziehen, dann jeweils ein kleines Stück rollen. Sobald die Rolle verschlossen ist, diese auf das Schneidbrett legen und mit der Matte nach unten drücken.

Die Schneide eines scharfen Messers anfeuchten und die Rolle in der Mitte durchschneiden. Beide Hälften genau nebeneinanderlegen. Die Messerschneide mit einem feuchten Tuch abwischen und die beiden halben Rollen in drei gleich große Stücke schneiden. Mit den restlichen 7 Rollen wiederholen. Mit zusätzlichem Wasabi, eingelegtem Ingwer und Sojasauce servieren.

Profi-Tipp: Ich bin kein Fan von zu viel Werkzeug, aber eine Bambusmatte muss sein. Wickle die Matten in Frischhaltefolie, damit der Reis nicht festklebt und auch, um die Lebensdauer zu verlängern.

Spicy Tuna Roll

Spicy Tuna ist wegen seines pikanten, cremigen und frischen Geschmacks allgemein beliebt. Ich finde den Thunfisch sehr vielseitig, perfekt geeignet als Füllung von Sushi oder auch auf Salaten oder Reisgerichten. Fisch in Sushi-Qualität bedeutet vielerlei. Er wird üblicherweise direkt auf dem Fangschiff filetiert und eingefroren, um ein Maximum an Frische zu erhalten. Nicht jeder schöne Thunfisch in der Fischtheke hat Sushi-Qualität, und man kann wirklich krank werden, wenn man rohen Fisch isst, der diese Qualität nicht hat. Kaufe daher nur Fisch aus einer vertrauenswürdigen Quelle. Thunfisch ist auch nicht gleich Thunfisch. Achte darauf, zumindest einen Gelbflossen-Thun zu verwenden, wobei meine bevorzugte Wahl für Spicy Tuna der Großaugen-Thun ist. Mit der Menge an Sriracha kannst du je nach gewünschter Schärfe experimentieren.

FÜR 8 ROLLEN

450 g roher Thunfisch in Sushi-Qualität, in große Würfel geschnitten

4 EL (60 g) Mayonnaise

2–4 EL (30–60 g) Sriracha (Seite 177), je nach gewünschter Schärfe

1 EL (15 ml) Reisweinessig

8 halbe Noriblätter

1,5 kg Sushi-Reis (Seite 170)

2½ EL (5 g) fertige Wasabi-Paste

1 Salatgurke, in 10 cm lange Stifte geschnitten

1 EL (12 g) Sesamsamen

Wasabi und eingelegter Ingwer, zum Garnieren

Sojasauce, als Dip

Thunfisch, Mayo und Sriracha in eine saubere Küchenmaschine geben. In Intervallschaltung verarbeiten, bis Sriracha und Mayo gleichmäßig unter den Thunfisch gemischt sind, der aber noch stückig ist.

Eine kleine Schüssel Wasser mit Reisweinessig verwenden, um die Hände immer wieder zu befeuchten. So wird verhindert, dass der Reis an den Händen kleben bleibt. Eine Sushi-Rollmatte aus Bambus so auf ein Schneidbrett legen, dass die lange Seite vor dir liegt. Ein Noriblatt mit der rauen Seite nach oben so auf die Matte legen, dass die lange Seite mit dem Rand der Matte abschließt.

190 g, etwa die Größe eines Tennisballs, an Reis mit der Hand nehmen und in einer dünnen gleichmäßigen Schicht auf dem gesamten Noriblatt verteilen, nur oben 1,5 cm frei lassen. 1 TL Wasabi der Länge nach in der Mitte auftragen. Direkt über diesem Strich 3 EL (etwa 50 g) Thunfisch und einen Gurkenstreifen platzieren. Mit 1 TL Sesamsamen bestreuen. Insgesamt nicht zu viel auftragen.

Das Ende der Matte anheben und beim Aufrollen mit den Fingerspitzen die Füllung und den Reis seitlich festhalten. Beim weiteren Aufrollen den umgeklappten Rand der Bambusmatte nach vorne ziehen, dann jeweils ein kleines Stück rollen. Sobald die Rolle verschlossen ist, diese auf das Schneidbrett legen und mit der Matte nach unten drücken.

Die Schneide eines scharfen Messers anfeuchten und die Rolle in der Mitte durchschneiden. Beide Hälften genau nebeneinanderlegen. Die Messerschneide mit einem feuchten Tuch abwischen und die beiden halben Rollen in drei gleich große Stücke schneiden. Mit den restlichen 7 Rollen wiederholen. Mit zusätzlichem Wasabi, eingelegtem Ingwer und Sojasauce servieren.

Profi-Tipp: **Anstatt klassischen Rollen geht es auch in Kegelform, wie auf dem Foto zu sehen. Du gibst die Füllung von oben hinein.**

Gurken-Kimchi (Oi Sobagi)

Ein Kimchi-Rezept, das ganz leicht zuzubereiten ist. Gurken fermentieren am schnellsten außerhalb des Kühlschranks nach etwa einem Tag. Mit diesem Rezept und dieser Methode lässt sich jedes beliebige Kimchi zubereiten – üblicherweise wird Chinakohl verwendet. Bedenke, dass andere Gemüsesorten wie Kohl länger fermentieren müssen. Experimentiere mit der Dauer und Temperatur der Gärung, bis die für deinen Geschmack perfekte Säurebalance erreicht ist.

FÜR ETWA 3 L

1,9 l Wasser plus 80 ml

200 g Salz, davon 1 EL gesondert

20 persische oder japanische Gurken

10 Knoblauchzehen, fein gehackt

1 Zwiebel, in 1 cm große Würfel geschnitten

1 Bund Frühlingszwiebeln, in 1,5 cm lange Stücke geschnitten

1 Bund Knoblauch-Schnittlauch (Koreanisch: Buchu), in 1,5 cm lange Stücke geschnitten

95 g koreanischer gem. Chili

1 TL Zucker, plus 1 TL nach Belieben

Für die Salzlösung 1,9 l Wasser mit 180 g Salz mischen und so lange rühren, bis sich das Salz aufgelöst hat.

Die Gurken 30 Minuten (nicht länger) in der Salzlösung einweichen.

Die Gurken aus dem Salzwasser nehmen und abspülen. Von jedem Gurkenende etwa 6 mm wegschneiden. Die Gurken in der Mitte (nicht der Länge nach) halbieren. Die Gurken so halten, dass Sie auf die runde Mitte schauen. Nun der Länge nach zweimal einschneiden (also dritteln), dabei die letzten 3 mm nicht durchschneiden. Die Gurke um 90 Grad drehen und erneut der Länge nach zweimal einschneiden, die letzten 3 mm dabei wieder nicht durchschneiden. So hast du nun Gurkenneuntel, die jedoch noch zusammenhängen. Mit den restlichen Gurken wiederholen.

Knoblauch, Zwiebel, Frühlingszwiebeln, Knoblauch-Schnittlauch, gemahlenen Chili, 1 EL Salz und nach Belieben 1 TL Zucker in einer großen Schüssel mischen. Ich empfehle, dabei Handschuhe zu tragen.

Drei Einmachgläser mit je 1 l Fassungsvermögen auf die Arbeitsfläche stellen. Die Gurkenneuntel mit den Fingern öffnen und mit der Mischung füllen. Gleichmäßig auf die Gläser verteilen, die Gurken fest nach unten in die Gläser drücken.

1 TL Zucker in 80 ml Wasser einrühren, bis der Zucker sich vollständig aufgelöst hat. Das Zuckerwasser über die Gurken gießen.

Vor dem Servieren einen Tag ziehen lassen. Gurken-Kimchi fermentiert sehr schnell. Nach dem Öffnen im Kühlschrank aufbewahren.

Papaya-Salat (Som Tum)

Thailand hat dieses Gericht aus Laos übernommen und es etwas gaumenfreundlicher abgewandelt. Der Salat hat eine reine, knackige und erfrischende Qualität, fängt aber den Geist ungeheurer Yum-Aromen perfekt ein. Grüne Papayas sind in Asia- und Latino-Märkten einfach zu bekommen. Es sind dieselben langen Papayas, die sonst reif gegessen werden, nur eben noch grün und jung geerntet. Falls du keine bekommst, kannst du sie durch eine in feine Streifen geschnittene Obst- oder Gemüsemischung ersetzen, die Karotten, Äpfel und Kohl enthält. Für dieses Rezept eignet sich dies alles sehr gut. Gesalzene Thai-Shrimps sind kleine orange Shrimps in Babygröße, die gesalzen und getrocknet wurden. Sie liefern diesem und jedem anderen Gericht erstaunlich viel umami (pikant) und Salzigkeit.

FÜR 4 PORTIONEN

Dressing

60 ml Fischsauce

60 ml Limettensaft

50 g Palmzucker oder brauner Zucker

2 Knoblauchzehen, fein gehackt

1 EL (15 g) getr. gesalzene Shrimps

1–3 Thai-Chilis, fein gehackt

4 Kirschtomaten, geviertelt

60 g Spargelbohnen, schräg in 4 cm lange Stücke geschnitten

Salat

1,9 kg junge grüne Papaya, gerieben

180 g Spargelbohnen, schräg in 4 cm lange Stücke geschnitten

6–8 Kirschtomaten, geviertelt

240 geröstete gehackte Erdnüsse

Zubereitung des Dressings

Die Zutaten für das Dressing in einen Mixer geben und etwa 5 Sekunden in Intervallschaltung mischen. Das Dressing sollte etwas stückig sein. Die Menge der Chilis hängt davon ab, wie scharf du dein Essen magst.

Zubereitung des Papaya-Salats

In einer großen Schüssel Papaya, die restlichen Spargelbohnen, die restlichen Tomaten und einige Erdnüsse mit dem Dressing kräftig schwenken. Die Zutaten wirklich energisch mischen, um die Tomaten und die Bohnen etwas zu zerkleinern. Den Salat mit den restlichen Erdnüssen garnieren.

Chicken Larb – Thai-Salat mit Hähnchenhackfleisch

Diese würzigere Version eines Hähnchensalats ist beeinflusst vom »Isaan«, der nordöstlichen Region Thailands. Die nördliche Version ist pikanter, mit verschiedenen Innereien vom Schwein wie Leber und Grieben. Das Essen im Norden ist sehr gesund und lecker. Immer mit verschiedener Gemüse-Rohkost servieren. Meine Favoriten sind Kopfsalat, Spargelbohnen und frische Chili.

FÜR 4–6 PORTIONEN

1 EL (15 g) Tamarindenpaste (siehe hierzu Seite 8)

690 g Hähnchenbrust-Hackfleisch

1 EL (15 ml) Pflanzenöl

3 Knoblauchzehen, fein gehackt

1 große Schalotte, in dünne Scheiben geschnitten

60 ml Fischsauce

75 ml frischer Limettensaft

100 g Palmzucker oder brauner Zucker

1–2 TL Thai-Chilipulver

20 g Minzblätter

½ rote Zwiebel, in dünne Scheiben geschnitten

55 g geröstetes Reispulver (siehe Profi-Tipps)

3–4 Frühlingszwiebeln, gehackt

Die Tamarindenpaste in einer großen Schüssel unter das Hähnchenhackfleisch rühren und 15 Minuten ziehen lassen.

Eine mittelgroße Pfanne stark erhitzen und das Öl hineingeben. Sobald sich weißer Rauch bildet, Knoblauch und Schalotte etwa 1 Minute anbraten, bis sie glasig sind. Das Hackfleisch unterheben und unter Rühren 3–4 Minuten braten, bis es durchgegart ist.

Den Herd ausschalten, dann Fischsauce, Limettensaft, Zucker und Chilipulver unterrühren und gut vermengen. Die Aromen nach Geschmack anpassen.

Minze, Zwiebel, Reispulver und Frühlingszwiebeln unterheben, bis alles gut vermengt ist. Beispielsweise mit Karottenstiften, Spargelbohnen, Kopfsalat und Kohl servieren, alles in 10–13 cm große Stücke geschnitten.

Profi-Tipps: Lass die Hähnchenbrust nach Möglichkeit von deinem Metzger einmal mit einem großen Messer hacken. So bekommst du größere Stücke Hähnchenfleisch voller Textur und kein übermäßig fein gehacktes Burger-Feeling. Du kannst ersatzweise auch jedes andere Fleisch oder sogar Tofu für dieses Rezept nehmen. Auch dabei gilt wieder: Ein großes Messer und einmaliges Zerkleinern sind entscheidend.
Geröstetes Reispulver ist ein interessantes Würzmittel. Es liefert einem Larb und anderen Gerichten eine herrlich nussige und rauchige Knusprigkeit. Es saugt auch das Dressing auf und bindet es an das Gericht, wodurch das Aroma verstärkt wird. Ich wette, dass du alles zu Hause hast, was du zur Herstellung brauchst, nämlich Reis und eine Pfanne! Nimm 125 g weißen Reis und röste ihn ohne Fettzusatz bei mittelstarker Hitze in der Pfanne. Dabei ständig rühren. Sobald der Reis mittelbraun ist und duftet, in einen Mixer oder eine Küchenmaschine geben und zu einem grobkörnigen Pulver mahlen.

Thai-Rindfleisch-Salat (Yum Neau)

Die Marinade aus diesem Rezept eignet sich perfekt für jegliches Fleisch, das gegrillt werden soll, sei es Steak, Schweinekotelett oder sogar Lammkotelett. Und das Dressing passt bei Weitem zu mehr als nur Kopfsalat. Du kannst es für alles verwenden, was du Salat nennst. Das Zitronengras und die Kaffirlimettenblätter können auch eingefroren werden. Es ist immer schwierig, nur ein paar Blätter oder Stängel zu kaufen, hack beides daher fein, pack es in wiederverschließbare Gefrierbeutel – und dann ab damit in den Tiefkühlschrank.

FÜR 4 PORTIONEN

Gegrillte Thai-Rindfleisch-Marinade

900 g Rinderlappen

60 g Knoblauch, fein gehackt

60 g Korianderstängel, fein gehackt

1 TL weißer Pfeffer

2 EL (30 ml) Fischsauce

45 ml dünne Sojasauce

2 EL (30 g) Zucker

Salat

2 EL (30 ml) Erdnussöl

3 Knoblauchzehen, fein gehackt

1 Stängel Zitronengras, fein gehackt

3 Kaffirlimettenblätter, in sehr dünne Streifen geschnitten

120 ml Limettensaft

120 ml Fischsauce

75 g brauner Zucker

250 g gemischte Blattsalate

½ rote Zwiebel, in dünne Scheiben geschnitten

1 Salatgurke, bei Bedarf entkernt, dünn geschnitten

2 Frühlingszwiebeln, gehackt

20 g Minzblätter

Zubereitung der Marinade

Das Rindfleisch in einen mittelgroßen wiederverschließbaren Beutel oder eine Schüssel legen. Alle weiteren Zutaten dazugeben und etwa 1 Minute in das Fleisch einreiben. Den Beutel verschließen bzw. die Schüssel abdecken und mindestens 2 Stunden oder über Nacht in den Kühlschrank stellen.

Zubereitung des Dressings

Einen kleinen Topf bei schwacher Hitze erhitzen. Öl, Knoblauch, Zitronengras und Kaffirlimettenblätter in den Topf geben und etwa 1 Minute anschwitzen, bis der Knoblauch hellbraun wird. Vom Herd nehmen und Limettensaft, Fischsauce und braunen Zucker unterrühren, bis alles gründlich vermengt ist. Beiseite stellen.

Zubereitung des Salats

Das marinierte Rindfleisch bis zum gewünschten Garzustand grillen und quer zur Faser in dünne Streifen schneiden.

Blattsalate, rote Zwiebel und Gurkenscheiben mit dem Großteil des Dressings in eine große Schüssel geben. Einige Löffel Dressing zum Beträufeln zurückbehalten. Den Salat vorsichtig schwenken, um ihn zu mischen. Das gegrillte Fleisch auf den Salat legen und mit Minzblättern und Frühlingszwiebeln garnieren. Den Salat mit dem restlichen Dressing beträufeln.

Kokos-Mango-Salat mit Garnelen

Säuerlich-süße grüne Mangos sind in Thailand verbreitet, außerhalb des Landes jedoch schwer zu bekommen. Diese Mangos sind immergrün, sie werden nie gelblich-orange. Ich finde, grüne Granny-Smith-Äpfel sind bei Bedarf der perfekte Ersatz bei diesem Rezept. Die säuerlich-süße Knackigkeit, ergänzt durch die rauchige Kokosnuss, passen perfekt zu den prallen Garnelen.

FÜR 4 PORTIONEN

1 EL (15 ml) Pflanzenöl

240 g mittelgroße Garnelen, der Länge nach halbiert

2 Schalotten, in dünne Scheiben geschnitten

2 Knoblauchzehen, fein gehackt

1–2 Thai-Chilis, in dünne Streifen geschnitten

80 ml Limettensaft

80 ml Fischsauce

95 g brauner Zucker oder Palmzucker

720 g grüne Mango, in Stifte geschnitten (siehe Profi-Tipp)

75 g geröstete Kokos-Chips

½ rote Zwiebel, in sehr dünne Scheiben geschnitten

3 Frühlingszwiebeln, schräg geschnitten

35 g Cashewkerne, geröstet

Eine mittelgroße Pfanne bei mittlerer Hitze erhitzen und das Öl hineingeben. Sobald sich weißer Rauch bildet, die Garnelen in die Pfanne geben und etwa 1 Minute anbraten, dann den Herd auf schwache Hitze herunterschalten. Schalotten, Knoblauch und Thai-Chilis zugeben und 1 weitere Minute braten, bis die Garnelen gerade durchgegart sind.

Den Herd ausschalten. Limettensaft, Fischsauce und Zucker einrühren. So lange rühren, bis sich der Zucker aufgelöst hat. Garnelen und das Dressing auf einer Servierplatte anrichten. Ein paar Minuten abkühlen lassen. Direkt vor dem Servieren Mango, Kokos und rote Zwiebel in der Servierschale anrichten. Zum Mischen schwenken und mit Frühlingszwiebeln und Cashewkernen garnieren.

Profi-Tipp: Inzwischen bekommt man ungesüßte geröstete Kokos-Chips überall zu kaufen und sie eignen sich perfekt für dieses Rezept. Falls du keine grünen Mangos bekommst, würde ich sie wegen der Würze und Knackigkeit durch die halbe Menge an zu Stiften geschnittenen Granny-Smith-Äpfeln ersetzen.

Kalter Sesam-Brokkoli-Salat

Hier kommt das perfekte Rezept, wenn du ein schnelles und einfaches, aber köstliches Gemüsegericht brauchst. Für meinen Geschmack sind viele Dressings schwer und enthalten zu viel Öl oder Sahne. Dieses Dressing ist leicht, würzig und aromatisch – ohne viel Öl. Inspiriert ist es von japanischen Dressings mit Soja und Sesam, jedoch mit einem Hauch Honig.

FÜR 6–8 PORTIONEN

60 ml ungewürzter Reisweinessig

2 EL (30 ml) Sesamöl

80 g Honig

3 EL (45 ml) Sojasauce

900 g Brokkoliröschen

2 EL (24 g) Sesamsamen, geröstet

Reisweinessig, Sesamöl, Honig und Sojasauce für das Dressing mischen und beiseite stellen. Es kann bis zu eine Woche im Voraus zubereitet werden.

2 l Wasser in einem Topf mit 5 l Fassungsvermögen sprudelnd aufkochen. Großzügig salzen. Den Brokkoli etwa 2 Minuten darin blanchieren, bis er al dente und kräftig grün ist. In einer großen Schüssel mit Eiswasser etwa 3 Minuten abschrecken. In einem Sieb abtropfen lassen und beseite stellen.

Zum Servieren den kalten Brokkoli in einer großen Schüssel mit dem Dressing gründlich mischen. Zum Schluss mit Sesamsamen bestreuen.

Chinesischer Hähnchen-Salat

Ich wollte dieses Rezept unbedingt mit aufnehmen, denn es ist eines meiner Lieblingsgerichte, und ich kann garantieren, dass es auch eines deiner beliebtesten Gerichte werden wird. Du kannst dafür jede erdenkliche Eiweißzutat verwenden oder diese Komponente auch ganz weglassen. Das Dressing kann sehr gut im Kühlschrank aufbewahrt werden. Fertigdressings taugen nichts, daher mein Tipp: Verdopple die Mengen des Rezepts, heb die überschüssige Menge in einer Quetschflasche auf, und schon wirkst du wie ein Kochprofi.

FÜR 4–6 PORTIONEN SALAT UND ETWA 950 ML DRESSING

Dressing

5 Frühlingszwiebeln, nur die weißen Teile, in dünne Scheiben geschnitten

1 EL (15 g) chinesisches Senfmehl, mit 1 EL (15 ml) Wasser zu einer Paste angerührt

85 g japanischer eingelegter Ingwer

120 ml Limettensaft

1 EL (9 g) grob gehackter Knoblauch

2 EL (20 g) grob gehackte Schalotten

160 g Honig

160 ml japanische Sojasauce

80 ml Reisessig

2 EL (16 g) grob gehackter Ingwer

480 ml Erdnussöl

Salat

240 g Mandarinenspalten aus der Dose, abgetropft

500 g Chinakohl

2 Karotten, geschält und in schmale Streifen geschnitten

1 Kopf Radicchio, in schmale Streifen geschnitten

170 g gemischtes Baby-Blattgemüse

900 g Hähnchenfleisch, ohne Knochen, ohne Haut, gekocht, abgekühlt und gewürfelt

710 ml Öl

5 Wan-Tan-Teigblätter

2 EL (24 g) geröstete Sesamsamen

Zubereitung des Dressings

Alle Zutaten mit Ausnahme des Erdnussöls in einen Mixer geben. Etwa 10 Sekunden gründlich mixen, bis keine einzelnen Zutaten mehr zu erkennen sind. Bei laufendem Mixer das Erdnussöl langsam einträufeln, bis das Dressing glatt und gleichmäßig ist. Entweder sofort verwenden, oder in einem luftdicht schließenden Behälter bis zu eine Woche aufheben.

Zubereitung des Salats

In einer großen Salatschüssel Mandarinen, Kohl, Karotten, Radicchio, Blattgemüse und Hähnchenfleisch locker mischen. Das Öl in einem kleinen Topf bei mittelstarker Hitze erhitzen. Die Wan-Tan-Teigblätter in 6 mm breite Streifen schneiden. Wenn die Öltemperatur 185 °C beträgt, die Teigstreifen darin etwa 30 Sekunden von jeder Seite goldbraun braten. Die Streifen auf Küchenpapier abtropfen und abkühlen lassen. Du brauchst ungefähr 90 g Wan-Tan-Streifen. Die Streifen unter den Salat heben.

Den Salat mit 240 ml Dressing anmachen. Bei Bedarf etwas mehr Dressing nehmen, jeweils in kleinen Mengen dazugeben. Den Salat mit den Sesamsamen bestreuen und servieren.

Tofu-Salat mit würzigem Sesamdressing

Ich werde nie verstehen, warum manche Leute sich vor Tofu fürchten. Es ist ein so einfaches und leckeres Lebensmittel. Kalorienarm, proteinreich und mit einem sehr milden Geschmack. Tofu nimmt das Aroma des Dressings erstaunlich gut an. Dieses Dressing ist pikant und würzig mit der Rauchigkeit gerösteter Sesamsamen. Mit einem Glas Rosé-Wein ist dies eines meiner Lieblingsgerichte für einen warmen Tag. Wenn du auf der Suche nach einem gesunden, aber sehr sättigenden Abendessen bist, kombiniere diesen Salat mit meinen Kalten Soba-Nudeln (Seite 80), und du wirst dich direkt nach Japan versetzt fühlen.

FÜR 4 PORTIONEN

Dressing

6 EL (50 g) japanisches Sesampulver oder geröstete Sesamsamen

160 g Mayonnaise

60 ml Reisessig

1 EL (8 g) fein gehackter Ingwer

2 EL (30 ml) Sojasauce

2 EL (30 ml) Mirin

3 EL (45 ml) Wasser

2 TL (10 g) Salz

3 EL (40 g) Zucker

Salat

400 g mittelfester Tofu

4 reife Pflaumen- oder Roma-Tomaten, in Scheiben geschnitten

1 kleine japanische Gurke, in Scheiben geschnitten

10 g Daikon-Sprossen, Wurzeln abgeschnitten

12 g Bonito-Flocken (Katsuobushi)

40 g Nori, in schmale Streifen geschnitten

40 g Furikake-Gewürzmischung, zum Bestreuen

Zubereitung des Dressings

Alle Zutaten für das Dressing im Mixer in etwa 30 Sekunden zu einem glatten Püree mixen. Bis zum Gebrauch in den Kühlschrank stellen.

Zubereitung des Salats

Den Tofu abtropfen lassen und mit Küchenpapier trocken tupfen. Der Länge nach mehrmals zu Streifen halbieren. Die Streifen in die Mitte einer Servierplatte legen. Tomatenscheiben, Gurkenscheiben und Sprossen oben auf dem Tofu anrichten. Etwa 60 ml Dressing über den Salat träufeln. Mit Bonito-Flocken, Nori-Streifen und Furikake garnieren.

Gurken-Algen-Salat (Sunomono)

Dieses Rezept mag sehr simpel erscheinen, ist jedoch dadurch nicht minder wichtig. Immer, wenn du in einem japanischen Restaurant einen Algen- oder Gurkensalat bestellst, ist dieses Dressing die Grundlage. Ich bereite davon immer gleich 1 Liter zu, und wenn ich dann Gelüste nach einem reinen japanischen Salat bekomme, schneide ich das Gemüse, lege es in eine Schüssel und muss es nur noch mit diesem würzig-süßen Dressing übergießen.

FÜR 4 PORTIONEN

Dressing für den Gurken-Algen-Salat

240 ml Reisessig

100 g Zucker

½ TL Salz

Salat

1 Salaturke

60 g Salz

40 g getr. Wakame-Algen

½ Rettich, in dünne Scheiben geschnitten, zum Garnieren

Zutaten für das Dressing

Den Essig in einem kleinen Topf bei schwacher Hitze erwärmen. Zucker und Salz einrühren und ständig mit dem Schneebesen schlagen, bis sich die Feststoffe völlig aufgelöst haben.

Zubereitung des Salats

Die Gurke der Länge nach halbieren. Bei Bedarf die Kerne herauslösen, die Gurkenhälften anschließend in 3 mm dicke Halbmondscheiben schneiden und in einer kleinen Schüssel anrichten. Das Salz über die Gurkenscheiben streuen und 5–10 Minuten warten. So wird der Gurke viel Feuchtigkeit entzogen und sie wird schön knackig. Das Salz abwaschen und die Gurken gut abtropfen lassen.

In einem kleinen Topf 700 ml Wasser zum Köcheln bringen und den Herd ausschalten. Die Wakame-Algen in den Topf geben und vollständig aufquellen lassen. Sobald sie weich sind, mit kaltem Wasser abspülen und grob hacken. Die Algen gründlich abtropfen lassen.

Gurkenscheiben und Algen in einer Schüssel mischen und mit dem Dressing anmachen. Mit Rettichscheiben garnieren.

Teigtaschen (Dumplings), Fingerfood und kleine Gerichte

Ich wüsste keine asiatische Kultur, in der nicht gerne zwischendurch eine Kleinigkeit gegessen wird. Im Rahmen einer mehrgängigen Mahlzeit werden die verschiedenen Gänge selten nach einer festen Reihenfolge verspeist, eine Ausnahme ist vielleicht das japanische Kaiseki. Alle Gerichte können jederzeit gegessen werden, und für viele Mahlzeiten gelten individuelle familiäre Regeln. Als Kind wurde ich von meiner Oma mütterlicherseits, einer Kantonesin, erzogen und im Kochen unterwiesen. An unzähligen Tagen war das Erste, was ich aß, Dim Sum. Neben Rollen und Teigtaschen liebte es meine Familie, zwischendurch einmal Snacks zu naschen, die wir als »knick-knacks« bezeichneten.

Dieses Kapitel stellt einige meiner Lieblingssnacks und Dim-Sum-Gerichte vor. Viele dieser Gerichte wurden mir direkt von meiner Oma und anderen Familienmitgliedern weitergegeben. Sie sind in der Praxis getestet und das Ergebnis gemeinsamer Erfahrungen aus mehreren hundert Jahren. Andere Rezepte habe ich von meinen Reisen mitgebracht und aus den Jahren, in denen ich mit Hobbyköchen, Profiköchen, Straßenverkäufern und anderen Menschen gearbeitet habe, die ihr Wissen mit mir teilen wollten. Diese Rezepte sind für mich wie meine Kinder: Ich habe sie geliebt, aufgezogen und bin sehr stolz, sie dir hier vorstellen zu können!

Vietnamesische durchsichtige Frühlingsrollen mit Garnelen

Diese vietnamesischen Frühlingsrollen sind ein Klassiker, frische rohe Rollen mit weicher Reishülle. Diese Version ist mein Favorit, aber du kannst die Rollen mit vielerlei Eiweißkomponenten und Gemüse füllen, wenn du etwas anderes ausprobieren möchtest. Mein anderer Favorit sind die Vietnamesischen knusprigen Kaiserrollen (Seite 132). Das Geheimnis, wie diese Rollen bis zu einem späteren Verzehr frisch gehalten werden können, besteht darin, ein feuchtes Küchentuch und ein Stück Frischhaltefolie zu nehmen und dazwischen dann eine Lage Reispapier zu legen. Reispapier gibt es in vielen Formen und Größen. Ich verwende gerne das 20 cm große Papier. Kontrolliere vor dem Kauf die Packung auf Risse im Papier. Diese lassen sich nicht ausbessern. Achte daher darauf, ganzes, unbeschädigtes Reispapier zu kaufen.

FÜR 8 ROLLEN

95 g Reisnudeln Vermicelli

1 mittelgroße Karotte, geschält und in schmale Streifen geschnitten

85 g zerkleinerter Kopfsalat

8 runde Blätter Reispapier mit 20 cm Durchmesser

25 g vietnamesische Basilikumblätter

25 g frische Korianderblätter

240 g Garnelen, gekocht, geschält, der Länge nach halbiert

Hoisin-Erdnuss-Dip-Sauce (Seite 178)

Die Vermicelli-Reisnudeln etwa 5 Minuten in kochendem Wasser al dente kochen. In Eiswasser abschrecken, um den Garprozess zu stoppen, dann gründlich abtropfen lassen.

Nudeln, Karotte und Kopfsalat für die Füllung mischen.

Das Reispapier etwa 15 Sekunden in warmem Wasser einweichen, bis es weich wird, dann auf ein Schneidbrett legen. Etwa 25 g der Gemüsefüllung in die Mitte des Papiers legen und mit Basilikum, Koriander und einigen Garnelenstücken belegen.

Von unten aufrollen, dabei die Füllung mit den Fingern halten. Sobald der untere Rand einmal umgeschlagen ist, die Rolle leicht nach unten und etwas flach drücken. Beide Seiten fest nach innen umschlagen und das Päckchen fertig aufrollen. Mit der Nahtseite nach unten auf einen Servierteller legen. Mit Hoisin-Erdnuss-Dip-Sauce servieren.

Vietnamesische knusprige Kaiserrollen

In den letzten 40 Jahren gab es eine zunehmende Verwirrung über den Unterschied zwischen vietnamesischen Frühlingsrollen und chinesischen Frühlingsrollen (mit Ei). Vietnam wurde über 1.000 Jahre lang von China regiert, dadurch kam es zu einer vielfältigen gegenseitigen Beeinflussung der Küche. Die Vietnamesen übernahmen die chinesische Frühlingsrolle und machten sie in meinen Augen perfekt. Dies hier sind die vietnamesischen Rollen aus dünnem Teig, gefüllt mit pikantem Schweinehackfleisch, elastischen Nudeln und knackigen Karotten. Sie werden immer mit einer Nuoc-Cham-Sauce serviert, einer dünneren Version der süßen Chilisauce. Chinesische Frühlingsrollen mit Ei haben eine dickere Teighülle, sie werden überwiegend mit Gemüse gefüllt und sind teigiger und schwerer.

FÜR 12 ROLLEN

Füllung

3 EL (45 g) getr. Mu-Err-Pilze (Judasohren)

280–420 g Glasnudeln

450 g Schweinehackfleisch (vom Schweinekamm)

2 Knoblauchzehen, fein gehackt

4 Schalotten, fein gehackt

3 EL (45 g) Zucker

3 EL (45 ml) Fischsauce

1 Prise Pfeffer

50 g Karotte, gerieben

35 g Bohnensprossen

Rollen

12 runde Teigblätter für Frühlingsrollen mit 20 cm Durchmesser

1,8 l Pflanzenöl zum Frittieren

12 Blätter von Romana-Salatherzen

½ Bund frische Minzblätter

½ Bund Korianderblätter

Nuoc-Cham-Dip-Sauce (Seite 180)

Zubereitung der Füllung

Die Pilze wiederherstellen, hierzu in heißem Wasser 20–30 Minuten einweichen. Abtropfen lassen und in schmale Streifen schneiden.

Die Glasnudeln in kochendem Wasser 3–5 Minuten al dente kochen. Die Nudeln unter fließendem Wasser spülen, wodurch der Garprozess gestoppt wird. In einem Sieb gründlich abtropfen lassen, bis die Nudeln völlig erkaltet sind.

In einer großen Schüssel die Zutaten für die Füllung gründlich miteinander verkneten und beiseite stellen.

Zubereitung der Rollen

Die Teigblätter vorsichtig trennen. Zum Aufrollen das Teigblatt leicht überlappend zusammenklappen, wobei eine Spitze auf 6 Uhr zeigt.

3–4 EL (15–20 g) Füllung in der unteren Hälfte des Teigblatts auftragen. Zweimal einrollen, um einen festen Block herzustellen. Nun die Seiten nach innen schlagen, um ein ähnliches Päckchen wie einen Umschlag herzustellen. Weiterrollen bis zum Ende. Auf eine leicht geölte Unterlage legen. Weitere Rollen aufrollen, bis die Füllung aufgebraucht ist.

Öl in einen Schmortopf oder Topf mit 5 l Fassungsvermögen gießen und bei starker Hitze erhitzen. Sobald die Temperatur 190 °C erreicht hat, die Rollen darin frittieren, bis sie eine leicht goldene Färbung annehmen oder die Kerntemperatur 74 °C erreicht. Mit Salatblättern, Kräutern und Nuoc-Cham-Dip-Sauce servieren.

Profi-Tipp: Um die Rollen zu essen wie ein Profi, roll eine Kaiserrolle in ein Salatblatt, füll alles mit ein paar Kräutern deiner Wahl wie Minze oder Koriander und tauch sie in die Sauce.

Vietnamesisches Banh-Mi-Sandwich

Banh Mi sind die begehrtesten Sandwiches in Amerika, jedoch musst du keinen Banh-Mi-Shop finden, um eines zu genießen. Die meisten Zutaten erhältst du in jedem gut sortierten Super- oder Asiamarkt. Der Trick ist, das gebratene geschabte Schweinefleisch zu Hause zuzubereiten. Und dabei lautet das Geheimnis, das Schweinefleisch vor dem Braten in Salzlauge zu legen. Für dieses Rezept kann ebenso gut Hähnchenbrust verwendet werden. Versuche, sehr leichtes luftiges Baguette oder französische Brötchen zu bekommen. Ein gutes Banh Mi sollte außen knusprig und innen leicht und luftig sein. Nimm kein Brot, mit dem du dir den Gaumen aufreißt!

FÜR 1 SEHR LANGES SANDWICH ODER 3 KLEINE

Gebratenes Schweinefleisch

2,4 l Wasser, Menge aufgeteilt

125 g koscheres Salz (grobkörniges Natursalz)

95 g Kristallzucker

3 mittelgroße Knoblauchzehen, geschält

1 mittelgroße Serrano-Chilischote, zerkleinert

1 EL (15 g) schwarze Pfefferkörner, zerdrückt

625 g Schweineschulter ohne Knochen

Eingelegte Karotten

120 ml destillierter weißer Essig

95 g Kristallzucker

1 TL koscheres Salz

75 g Karotten, in dünne Stifte geschnitten

Zubereitung des Schweinefleisches

Für die Salzlauge 500 ml Wasser in einem kleinen Topf zum Köcheln bringen. Salz und Zucker einrühren und so lange rühren oder mit dem Schneebesen schlagen, bis sich alle Feststoffe vollständig aufgelöst haben. Den Herd ausschalten und Knoblauch, Chilis und Pfefferkörner in den Topf geben. Durch die Hitze entfalten sich alle Aromen. Die warme Salzlauge in ein nicht auf die Lauge reagierendes Behältnis mit 6 l Fassungsvermögen umfüllen (es muss groß genug sein, um das Fleisch und 2,4 l Flüssigkeit zu fassen). Die restlichen 1,9 l kaltes Wasser zugießen. Das Fleisch hineinlegen, zudecken und über Nacht in den Kühlschrank stellen.

Den Backofen auf 200 °C vorheizen und einen Rost auf der mittleren Einschubleiste in den Ofen schieben. Das Fleisch aus der Salzlauge nehmen, mit Küchenpapier sehr trocken tupfen und mit der Fettseite nach oben in einen Bräter legen. Etwa 30 Minuten auf Zimmertemperatur kommen lassen. Das Fleisch anschließend etwa 1 Stunde 45 Minuten braten, bis die Kerntemperatur 74 °C erreicht. Mindestens 45 Minuten auf Zimmertemperatur abkühlen lassen, dann etwa 3 mm dünn aufschneiden.

Zubereitung der eingelegten Karotten

Essig, Zucker und Salz in einem kleinen Topf mischen und bei mittelstarker Hitze erhitzen. Ständig rühren und sobald sich Zucker und Salz aufgelöst haben, vom Herd nehmen. Die Karotten zugeben und rühren, um sie mit der Salzlake zu überziehen. Stehen lassen, bis die Karotten weich geworden sind – mindestens 30 Minuten oder über Nacht. Gut abtropfen lassen und beiseite stellen. Die Karotten können Tage im Voraus zubereitet werden, sie halten sich in einem luftdicht schließenden Behälter im Kühlschrank.

Banh Mi

1 französisches Baguette (kein Sauerteigbrot)

60 ml Mayonnaise, Menge aufgeteilt

90 g Schweinepastete (nach Belieben)

1 große Salatgurke, mit einem Schäler zu Bändern geschnitten

10 g Korianderblätter

1 Jalapeño-Chili, in sehr dünne Streifen geschnitten

2 TL (10 ml) helle Sojasauce

Banh-Mi-Sandwich zusammensetzen

Das obere Drittel des Baguettes längs abschneiden und beiseite stellen. Aus dem unteren Teil des Brotes genügend Teig herausnehmen, um problemlos die Füllung reingeben zu können.

2 EL (30 g) Mayonnaise auf dem oberen Teil des Brotes verstreichen und 2 EL (30 g) auf dem unteren Teil. Die Hälfte der Pastete auf dem unteren Teil des Brotes verstreichen und mit den Fleischscheiben belegen. Möglicherweise wird etwas Fleisch übrig bleiben, dieses genießt du einfach sofort, während du das Sandwich fertig zubereitest. Beleg das Fleisch mit Gurke, Korianderblättern, eingelegten Karotten und Jalapeños. Das Sandwich mit etwas Sojasauce beträufeln und die obere Baguettehälfte daraufsetzen.

Profi-Tipp: Pastete und Mayo in der Küchenmaschine zu einem Aufstrich verarbeiten. Du kannst dir auch einen Arbeitsschritt sparen und das gebratene Schweinefleisch durch Aufschnitt ersetzen. Die Hälfte der Karotten kannst du auch durch Daikon-Rettich ersetzen, so wird das Sandwich noch köstlicher.

Süß-scharfe Chili-Sriracha Chicken Wings

Es ist kein Geheimnis, dass gebratene Chicken Wings meine Schwäche sind. Ohne Selbstbeherrschung könnte ich sie täglich pfundweise essen. Allerdings nicht in jeder Form. Dies ist das Rezept für meine berühmten Lieblingshähnchenflügel: die perfekte Balance zwischen süß, scharf und pikant. Das Tempura-Mehl sorgt für eine super knusprige Außenseite, von der diese großartige Sauce aufgenommen wird.

FÜR 4–6 PORTIONEN

720 ml süße Thai-Chili-Sauce

120 ml Sriracha (Seite 177), oder mehr, für alle, die es pikanter mögen

12 ganze Hähnchenflügel, am Gelenk halbiert, Spitzen entsorgt

250 g Tempura-Mehl

2,8 l Pflanzenöl, zum Frittieren

225 g Maisstärke

Für die Sauce die süße Chili-Sauce und Sriracha in einer großen Schüssel verrühren. Die Hähnchenflügel werden frittiert und noch heiß in der Sauce gewälzt.

Die Hähnchenflügel mit kaltem Wasser spülen, kurz abtropfen lassen und noch feucht in eine flache Backform legen. Die Flügel gleichmäßig mit Tempura-Mehl bestreuen und dieses einreiben, bis sich ein dünner Teig bildet.

Öl in einen Schmortopf oder Topf mit 6 l Fassungsvermögen geben und auf 185 °C erhitzen.

Die Maisstärke in eine andere große Schüssel geben. Die Hähnchenflügel darin bemehlen, überschüssige Stärke abschütteln und die Flügel in drei Portionen frittieren. Jede Portion 8–10 Minuten frittieren, dabei gelegentlich wenden, bis sie durchgegart und goldbraun sind. Die Kerntemperatur soll 74 °C betragen.

Die Flügel kurz auf Küchenpapier abtropfen lassen und in der vorbereiteten Sauce wälzen. Heiß servieren.

Pikantes Thai-Trockenfleisch vom Schwein (Moo Dat Diow)

Ich nenne dieses Gericht gerne »Schweine-Crack«, weil du süchtig sein wirst nach diesen süßen pikanten Nuggets! Für sich allein ist es ein toller Snack, mit Thai-Klebreis wird daraus eine Mahlzeit. Eignet sich auch bestens für unterwegs, denn es ist mit Soja und Zucker glasiert und dann frittiert wird. Ich nehme es auf lange Reisen mit, und meine Kinder bekommen es in ihre Lunchbox.

FÜR 4 PORTIONEN

450 g Schweineschulter

1 Knoblauchzehe, fein gehackt

1 TL weißer Pfeffer

2 EL (30 ml) Fischsauce

1 EL (15 ml) Thai-Sojabohnen-Sauce (oder Maggi-Würzsauce)

2 EL (30 ml) süße Sojasauce

1 EL (15 g) brauner Zucker

950 ml Pflanzenöl, zum Frittieren

Das Schweinefleisch in etwa 7,5 cm lange und 12 mm breite Streifen schneiden. Jegliche Silberhaut kannst du wegschneiden, aber du solltest nicht zu viel Fett wegschneiden.

Knoblauch, Pfeffer, Fischsauce, Thai-Sojabohnen-Sauce, süße Sojasauce und Zucker in einen Mixer geben und zu einem feinen Püree verarbeiten, bis in der Marinade keine Knoblauchstückchen mehr erkennbar sind.

Das Schweinefleisch in eine Schüssel legen, die Marinade über das Fleisch gießen und gründlich einreiben, bis das Fleisch rundherum damit überzogen ist. Das Fleisch zugedeckt 4 Stunden oder über Nacht im Kühlschrank marinieren lassen.

Ein Backblech mit Küchenpapier oder Pergamentpapier auslegen. Überschüssige Marinade abtupfen, das Fleisch auf das Backblech legen und im Kühlschrank über Nacht trocknen lassen.

950 ml Pflanzenöl in einem mittelgroßen Topf stark erhitzen, die Temperatur soll 190 °C betragen. Die Fleischstreifen in kleinen Portionen jeweils 4–6 Minuten frittieren, bis das Fleisch durchgegart und die Ränder leicht knusprig sind. Das Fleisch vom Herd nehmen und auf Küchenpapier abtropfen lassen.

Hawaiischer roher Thunfisch-Salat (Tuna Poke)

Poke ist ein hawaiischer Snack aus super frischem Fisch in Sushi-Qualität. Hawaiische Fischer verkaufen die besten Stücke für den Markt, behalten jedoch einige davon für sich und machen »Poke« daraus. Der Begriff Poke stammt vom hawaiischen Verb »schneiden«. Ein traditioneller Poke wird entweder mit Thunfisch oder Oktopus zubereitet. Wichtig ist, Fisch von einer absolut vertrauenswürdigen Quelle zu kaufen, sodass die Sushi-Qualität sichergestellt ist. Dieses Gericht kannst du im Voraus zubereiten und als Appetithappen essen – oder du wirst kreativ. Poke eignet sich nämlich auch hervorragend für Burritos aus der Fusionsküche oder als Krönung eines Salates.

FÜR 4 PORTIONEN

450 g Thunfisch in Sushi-Qualität

20 g getr. Wakame-Algen

35 g Sweet Maui- oder Vidalia-Zwiebel, fein gewürfelt

1 TL Sesamöl

½ TL Chiliflocken (für alle, die es gerne etwas scharf haben)

2 TL (10 ml) Sojasauce

½ EL (6 g) geröstete Sesamsamen

2 Frühlingszwiebeln, schräg in dünne Scheiben geschnitten

240 ml heißes Wasser in eine Schüssel füllen und die Algen zum Wiederherstellen vorsichtig hineingleiten lassen. Unter kaltem Wasser spülen und das Wasser mit den Händen ausdrücken, so sind die Algen gebrauchsfertig. Den Thunfisch in ordentliche 1 cm große Würfel schneiden und in eine kalte Schüssel legen. Die kalte Schüssel hält den rohen Fisch kühl.

Algen, Zwiebel, Sesamöl, Chiliflocken und Sojasauce zum Fisch geben. Mit einem großen Löffel vorsichtig alles unterheben wie Eischnee, bis alle Zutaten gut vermengt sind. Mit Sesamsamen und Frühlingszwiebeln garnieren.

Profi-Tipp: **Achte darauf, dir die Hände vor und während der Zubereitung dieses Gerichts immer wieder gründlich zu waschen. Und alternativ eignen sich auch rote Zwiebeln oder eine andere süße Zwiebelsorte.**

Gemüse- und Garnelen-Tempura

Tempura ist wie Pizza, sogar mittelmäßige Qualität schmeckt immer noch verflixt gut. Genau wie bei Pizza gilt jedoch auch hier: Wenn du wirklich fantastisches Tempura isst, ist dies eine völlig andere Welt. Großartiges Tempura ist durch einen super leichten Teig gekennzeichnet, der sehr knusprig und nicht fettig ist. Ein Geheimnis dabei ist, während des Frittierens quasi eine doppelte Kruste zu bilden. Diese zusätzlichen Krustenstückchen sorgen für sehr viel mehr Knusprigkeit. Wie das geht, verrate ich euch in diesem Rezept, liebe Freunde!

FÜR 4 PORTIONEN

1 Rezeptmenge Tempura-Dip-Sauce (Seite 183)

8 mittelgroße Garnelen

1 mittelgroße Zwiebel, geschält

4 Shiitakepilze oder Champignons, geputzt

1 kleine Süßkartoffel

4 Shisoblätter

1 Eigelb

240 ml Eiswasser

120 g Mehl, gesiebt

60 g Maisstärke plus 225 g zum Bestäuben

1,8 l Öl zum Frittieren

Die Dip-Sauce in einem Topf erwärmen und dazu kurz aufkochen. Warm halten.

Die Garnelen schälen und entdarmen, die Schwänze jedoch nicht entfernen. Um zu verhindern, dass sich die Garnelen beim Frittieren einrollen, entlang der Rückenkurve längs einige tiefe Einschnitte machen. Die Garnelen drücken, bis zu spüren ist, wie das Fleisch gequetscht wird, und die Garnelen gerade strecken.

Zahnstocher in die Zwiebel stecken, um die Scheiben zusammenzuhalten, dann in Ringe schneiden.

Falls die Pilzkappen sehr groß sind, halbieren. Die Süßkartoffel schälen und quer in 6 mm dicke Scheiben schneiden. Die Shisoblätter waschen und mit Küchenpapier trocken tupfen.

In einer großen Schüssel das Eigelb mit dem Eiswasser leicht verschlagen. Mehl und 60 g Maisstärke auf einmal dazugeben. Mit Essstäbchen oder einer Gabel ein paar Mal verschlagen, bis die Zutaten locker vermengt sind. Der Teig sollte sehr klumpig sein. Wird er zu sehr verrührt, ähnelt er eher einem Teig für Fish and Chips.

Das Öl in einem Topf mit 4 l Fassungsvermögen erhitzen. Es soll etwa 180 °C heiß werden. Zum Testen eine winzige Teigmenge in das Öl tropfen lassen. Der Teig sollte im Öl versinken und beinahe sofort wieder knisternd nach oben steigen.

Richte dir folgende Aufstellung auf deiner Arbeitsfläche ein: Die Fritteuse steht in der Mitte, ganz links die rohen Zutaten, die frittiert werden, daneben in einer mittelgroßen Schüssel die Maisstärke zum Bestäuben, daran anschließend der Tempura-Teig. Rechts davon befindet sich der »Abtropfbereich«, das kann etwa ein Backrost über einem Backblech sein. Verwende eine Grillzange, einen Schaumlöffel oder Stäbchen, um die frittierten Teile aus der Fritteuse zu nehmen; ein kleines Sieb hilft zudem, besonders knusprigen Tempura-Teig aus dem Öl zu fischen.

(Fortsetzung Seite 141)

Zum Frittieren die einzelnen Teile mit den Fingern in der Maisstärke wälzen, überschüssige Stärke abschütteln, dann die Teile in den Teig tauchen. Die mit Teig überzogenen Teile in das heiße Öl legen oder gleiten lassen. Sobald sich die Kruste zu bilden beginnt und fest wird, gehe mit Daumen, Zeige- und Mittelfinger erneut in den Teig. Nimm eine Extraportion Teig und verteile ihn über das Teil, das frittiert wird, etwa so als wolltest du eine Speise mit Salz bestreuen. Dieses kleine Extra sorgt für die ungleichmäßigen Teigstückchen, die Tempura klumpig aussehen lassen und für noch mehr Knusprigkeit sorgen. Etwa 3 Minuten goldgelb frittieren, dabei für ein gleichmäßiges Garen im Öl wenden. Die frittierten Teile aus dem Öl nehmen und kurz abtropfen lassen, bevor sie auf einem Servierteller angerichtet werden. Die Oberfläche des Öls gelegentlich abschöpfen, um es sauber zu halten. Den Teig während des Frittierens gelegentlich umrühren, um zu verhindern, dass die Bestandteile sich trennen.

Profi-Tipp: Ich frittiere auch gern Zucchinischeiben und Spargelbohnen. Sei abenteuerlustig.

Dim Sum Drum Dumpling (Sew Mai)

Dim Sum heißt wörtlich übersetzt »das Herz füllen«. Ich allerdings liebe es, mir mit diesem kantonesischen Frühstück den Bauch zu füllen. Es kommt ursprünglich aus kleinen Teehäusern in Südchina, in denen gedünstete und gebratene Kleinigkeiten mit dem gewünschten Tee serviert wurden, und ist die moderne Version einer kulinarischen Tauschbörse, bei der massenweise Leute mitbieten, um frisch zubereitete Happen aus einem Wagen heraus zu ersteigern. Dies hier sind meine liebsten Dumplings. Geformt wie kleine Trommeln, gefüllt mit Garnelen und Schweinefleisch – einfach die Besten.

FÜR 8–10 TEIGTASCHEN

5 getr. chinesische Morcheln

340 g grobes Hackfleisch vom Schweinekamm

240 g Garnelen, geschält, entdarmt und grob gehackt

½ TL Salz

2 TL (10 g) Zucker

½ EL (8 ml) Erdnussöl

1½ EL (20 ml) Austernsauce

1 TL Maisstärke

1 EL (15 ml) Sesamöl

1 Prise weißer Pfeffer

1 Packung runde Teigtaschenblätter im Hongkong-Stil

Die Pilze in heißem Wasser 30 Minuten wiederherstellen. Pilze spülen, die Stiele entfernen und kleinwürfelig hacken.

In einer großen Schüssel die übrigen Zutaten für die Füllung gründlich mischen. Hierfür kann auch ein Mixer mit Flachrühreraufsatz verwendet werden. Die Mischung abdecken und mindestens 1 Stunde oder über Nacht im Kühlschrank ruhen lassen.

Ein Teigtaschenblatt auf die Arbeitsfläche legen. Etwa 2 ELder Füllung in die Mitte geben. Die Füllung mit den Fingern an Ort und Stelle halten, mit der anderen Hand das Teigblatt um die Füllung drehen. Beim Drehen dafür sorgen, die Oberseite der Füllung flach in das Teigblatt zu drücken. Den Boden der Teigtasche auf die Arbeitsfläche stellen und flach machen. Den Vorgang wiederholen, bis die Füllung aufgebraucht ist.

Die Teigtaschen in einem Dämpfkorb auf hoher Stufe 7 Minuten dünsten, bis die Füllung durchgegart ist.

Profi-Tipp: Ich esse diese Teigtaschen am liebsten mit der »gar-nicht-so-geheimen Sauce« meiner Oma, die zu gleichen Teilen aus Soja-, Chili-Knoblauchsauce und Zucker besteht.

Würzige Bao Buns mit Schweinebauch

Gedämpfte Brötchen (Bao Buns) gehören zu meinen Lieblingssnacks. Diese hier sind die noch ungefüllten Versionen der superweißen weichen Brötchen, die es meist dort gibt, wo man auch Dim Sum bekommt, üblicherweise gefüllt mit zerkleinertem BBQ-Schweinefleisch. Sie haben die Form einer dicken Augenklappe mit Kerbe in der Mitte, wo man sie öffnen und füllen kann. In chinesischen Supermärkten findet man sie in der Tiefkühlabteilung.

FÜR 12 BRÖTCHEN

900 g Schweinebauch

2 EL (30 ml) Pflanzenöl

4 Frühlingszwiebeln, in 7,5 cm lange Stücke geschnitten

2 große Stücke Ingwer, ungeschält, in Scheiben geschnitten

Wasser zum Bedecken des Fleisches

180 ml Austernsauce

120 ml helle Sojasauce

60 ml Hoisin-Sauce

95 g brauner Zucker

2 EL (30 g) Fünf-Gewürze-Pulver

16 Bao Buns (zusammengeklappte TK-Mantou-Dampfbrötchen)

8 Frühlingszwiebeln, in feine, 10 cm lange Streifen geschnitten und in Eiswasser eingeweicht, bis sie sich kringeln

90–120 ml Hoisin-Sauce

Den Backofen auf 165 °C vorheizen. Einen Gitterrost eine Einschubleiste unter der Mitte einschieben, sodass für den Schmortopf genügend Platz nach oben bleibt.

Das Schweinefleisch in lange, 10 cm breite Streifen schneiden. Die Streifen sollten in der Breite gut in die Brötchen passen.

In einem großen Schmortopf 2 EL (30 ml) Öl erhitzen, bis sich weißer Rauch bildet. Den Schweinebauch mit der Hautseite nach unten in den Topf geben und von jeder Seite 3–5 Minuten schön braun anbraten.

Die 4 Frühlingszwiebeln und Ingwer zugeben und etwa 2 Minuten braten, bis sich ein feines Aroma entwickelt. So viel Wasser zugießen, dass das Fleisch gerade bedeckt ist.

Austernsauce, helle Sojasauce, Hoisin-Sauce, braunen Zucker und Fünf-Gewürze-Pulver unterrühren und alles gründlich vermengen. Die Mischung aufkochen, dann auf ein Köcheln reduzieren. Locker mit Alufolie abdecken, dann den Topfdeckel aufsetzen.

Topf in den Backofen stellen und 3 Stunden schmoren lassen, bis das Fleisch gabelzart ist. Aus dem Ofen nehmen und abkühlen lassen, die Flüssigkeit aufheben und das Fett abschöpfen.

Zum Zusammensetzen der »Mini-Burger« das Fleisch in etwa 5 mm breite Stücke schneiden. Die Brötchen dämpfen oder braten, bis sie heiß sind und sich öffnen lassen, dann mit Fleisch und Frühlingszwiebeln füllen. Zum Schluss etwa 1 TL Hoisin-Sauce darüber geben.

Profi-Tipp: **Wenn du keine Bao Buns bekommst, kannst du stattdessen kleine hawaiische Brötchen oder Brötchen in der Größe für Mini-Burger nehmen.**

Crab Rangoon – Wan-Tan-Taschen mit Krabben-Frischkäse

Okay, ich weiß, was du denkst: Was zum Teufel hat Crab Rangoon in diesem Buch zu suchen? ABER MOMENT MAL! Als ein in Amerika geborenes asiatisches Kind bin ich damit aufgewachsen, Speisen zu essen, die ihren Ursprung in den Staaten haben, aber dennoch authentisch asiatisch in Geschmack und Aroma sind. Chinesen leben hier seit dem 19. Jahrhundert und ich finde, Speisen, die von Asiaten in Amerika erfunden wurden, sind völlig authentisch. Gerichte wie Orange Chicken, California Roll, Spicy Tuna und Crab Rangoon haben inzwischen auch den Weg in die asiatischen Länder gefunden, aus denen ihre Erfinder ursprünglich stammten.

FÜR 24 STÜCK

230 g stückiges Krabbenfleisch oder Schneekrabbe

450 g Frischkäse, Zimmertemperatur

2 Frühlingszwiebeln (nur die weißen Teile), sehr fein gehackt

2 EL (5 g) fein gehackter Estragon

Salz und Pfeffer

24 Wan-Tan-Teigblätter (quadratisch)

1 Ei, leicht geschlagen, zum Versiegeln

1,9 l Pflanzenöl, zum Frittieren

Drück aus dem Krabbenfleisch, das du verwendest, möglichst viel Flüssigkeit heraus. Überschüssige Feuchtigkeit weicht sonst den Wan-Tan-Teig auf. In einer mittelgroßen Schüssel entweder mit den Händen oder einem Mixer mit Flachrühreraufsatz das Krabbenfleisch mit Frischkäse, Frühlingszwiebel, Estragon, Salz und Pfeffer mischen.

Nimm ein Wan-Tan-Blatt, gib 1 TL Füllung in die Mitte. Tauch einen Finger in das verschlagene Ei, befeuchte damit die beiden nebeneinanderliegenden Seiten. Klapp die gegenüberliegenden Ecken zu einem Dreieck zusammen.

Bei der Form hast du gewisse Wahlmöglichkeiten. Du kannst Taschen, Tortellini oder traditionelle dreieckige Wan Tans formen.

Die fertigen Taschen auf ein Backblech legen. Roh können die Rangoons eingewickelt und 1–2 Wochen eingefroren werden. Anschließend tiefgefroren in die Fritteuse geben.

In einem Schmortopf oder Topf mit 4–5 l Fassungsvermögen das Öl auf 180 °C erhitzen. In kleinen Portionen etwa 2 Minuten von jeder Seite goldgelb frittieren und auf einem Gitterrost über einem Backblech abtropfen lassen. Ich reiche dazu gerne süße Chili- oder Pflaumensauce.

Knusprige Zuckerrohr-Garnelen

Ein fantastischer Appetithappen, um Freunde mal so richtig zu beeindrucken. Sieht aus wie ein knuspriger Krapfen auf einem Zuckerrohrspieß. Du wickelst ihn in ein Salatblatt, bestreichst ihn mit Sauce und schiebst ihn vor dem Essen von dem Spieß. Du kannst den Spieß auch weglassen und nur kleine runde Krapfen formen. Ich esse sie wahnsinnig gerne mit meiner Nuoc-Cham-Sauce (Seite 180), Pflaumensauce oder süßer Chilisauce.

FÜR ETWA 8 STÜCK

4 Knoblauchzehen, fein gehackt

900 g Garnelen, geputzt und geschält

2 TL (10 g) Zucker

1 ganzes Ei

95 g Schweinehackfleisch

2 EL (30 g) geröstetes Reispulver (siehe Profi-Tipps)

1 Zuckerrohrstange, in 4 etwa 10 cm lange und 12 mm dicke Stücke geschnitten

1,8 l Pflanzenöl zum Frittieren

8 Kopfsalatblätter

Knoblauch, Garnelen, Zucker, Ei, Schweinehackfleisch und Reispulver in eine große Küchenmaschine geben. In Intervallschaltung zu einer gleichmäßigen, aber noch halb stückigen Paste verarbeiten. Mit leicht eingeölten Händen 3 EL (etwa 100 g) der Garnelenmischung zu ovalen Kugeln formen. Jeweils zwei Kugeln um einen Zuckerrohrspieß drücken. Wiederholen, bis die Garnelenmischung aufgebraucht ist.

Das Öl in einem Schmortopf oder Topf mit 6 l Fassungsvermögen auf 190 °C erhitzen. Die Garnelenkrapfen in zwei Portionen von jeder Seite etwa 3 Minuten goldbraun frittieren.

Jeden Spieß in ein Salatblatt gewickelt mit Pflaumensauce servieren. Darauf achten, dass die Gäste den Spieß herausziehen, bevor du die Krapfen isst.

Profi-Tipps: Falls du keine Zuckerrohrstangen bekommst, probier es mit Zitronengrasstängeln. Zuckerrohr gibt es auch in Dosen und der Länge nach geviertelt – perfekte Spieße.
Du kannst die Masse auch einfach zu Bratlingen formen und frittieren.
Geröstetes Reispulver kann man kaufen, ebenso gut aber auch schnell und einfach selbst herstellen. 125 g weißen Reis in einer Pfanne ohne Fettzugabe bei mittelstarker Hitze rösten. Während des Röstens ständig rühren. Sobald der Reis mittelbraun ist und aromatisch duftet, in einen Mixer oder eine Küchenmaschine umfüllen und zu einem groben Pulver mahlen.

Hähnchen-Hackfleisch in der Salatschale mit Hoisin-Sauce

Nachdem der Trancheur geschickt die dünne knusprige Haut abgelöst und mit Crêpes oder Brötchen in Hoisin-Sauce serviert hat, fragt er üblicherweise, was mit den 95 Prozent geschehen soll, die noch übrig sind, mit der leckeren Karkasse. Ich verwende sie am liebsten für dieses Gericht hier.

FÜR 4 PORTIONEN

Sauce für die Pfanne

2 EL (30 ml) Hoisin-Sauce

1 EL (15 ml) Sojasauce

2 EL (30 ml) Austernsauce

2 EL (30 ml) Wasser

1 TL Sesamöl

1 TL Zucker

1 TL Maisstärke, gemischt mit 1 TL Wasser

Salatschalen

1 TL Maisstärke

2 TL (10 ml) Sherry

2 TL (10 ml) Wasser

690 g grob gehacktes Hähnchenfleisch (siehe Profi-Tipp)

2 EL (30 ml) Pflanzenöl

1 TL fein gehackter Ingwer

2 Knoblauchzehen, fein gehackt

8 frische Shiitakepilze, in dünne Scheiben geschnitten

240 g Wasserkastanien aus der Dose, gewürfelt

Blätter von 1 Kopfsalat

2 Frühlingszwiebeln, in Ringe geschnitten

Zubereitung der Sauce

Alle Zutaten für die Sauce in einer Schüssel mischen, beiseite stellen.

Zubereitung der Salatschalen

In einer mittelgroßen Schüssel Maisstärke, Sherry, Wasser und Hackfleisch vermengen. Gründlich rühren, um das Hähnchenfleisch gut zu umhüllen. Mindestens 20 Minuten ziehen lassen.

Einen Wok oder eine große Pfanne etwa 1 Minute bei starker Hitze erhitzen. Öl hineingeben und warten, bis sich weißer Rauch bildet. Das Hähnchenfleisch dazugeben und 2–3 Minuten unter Rühren braten, bis das Fleisch undurchsichtig und weitgehend durchgegart ist.

Ingwer und Knoblauch unterrühren und etwa 1 weitere Minute unter Rühren braten, bis der Knoblauch zu bräunen beginnt.

Pilze und Wasserkastanien zugeben und 1 weitere Minute unter Rühren braten, bis die Pilze weich werden. Die Sauce dazugeben und ständig unterheben, bis die Sauce eindickt. Zum Servieren jeweils ein Salatblatt mit etwa 100 g Hähnchenmischung füllen und mit Frühlingszwiebeln garnieren. Die perfekte Sauce bei Tisch dazu ist Hoisin-Sauce.

Profi-Tipp: Ich bin kein übergroßer Fan von Hähnchenbrust, weil sie trocken und langweilig ist, genau deswegen eignet sie sich für dieses Gericht jedoch perfekt. Das Fleisch hält gut zusammen, es fühlt sich nicht breiig an und nimmt alle Aromen der Sauce und der Gemüse auf. Eine Lochscheibe ist, wie der Name schon sagt, eine Scheibe mit mehr oder weniger kleinen Löchern. Ich verwende gerne die mit großen Löchern, damit das Mahlgut stückig und kernig bleibt. Wenn du einen tollen Metzger hast, bitte ihn immer, das Fleisch nur einmal und mit großer Lochscheibe durch den Fleischwolf zu drehen. So wirst du ein ausgezeichnetes Produkt bekommen.

Süßes

Die leckerste Art, einen Tag zu beschließen

Wenn du mich als Koch oder Juror bereits im Fernsehen gesehen hast, weißt du, dass Desserts nicht meine Stärke sind. Ich habe nationale TV-Shows gegen Hobbyköche verloren, weil meine Backkünste so lala sind. Tatsächlich hätte ich wegen meiner bescheidenen Note im Backen beinahe die Kochschule geschmissen. Ich glaube, es liegt daran, dass die Asiaten einen ganz anderen Ansatz bei Desserts haben, vor allem in Thailand, China und Japan.

Milchprodukte gehören dort traditionell nicht zur Esskultur, und ohne Milchprodukte verpasst man einfach vieles. Es gibt keine Milch, Sahne oder Butter und das bedeutet, es gibt kein Eis und keine Schokolade. Ich weiß, dass dies schwer vorstellbar ist. Was wir hingegen haben, ist eine reiche Kultur in der Verarbeitung von Obst, Reis und Kokosnuss zu erstaunlichen Desserts. Einige davon werde ich dir in diesem Kapitel vorstellen. Ich weiß, was ich mag, und kann aus den folgenden Rezepten sehr viel machen. Dies sind meine bewährten süßen Rezepte. Ali Tila ist die Bäckerin in der Familie, und ich habe eine ihrer fantastischen Kreationen mit aufgenommen. Alles andere sind Gerichte, die ich im Laufe der Jahre erlernt habe.

Klebriger Kokosreis mit Mango

Mangos sind in Thailand beinahe ganzjährig erhältlich und an Reis besteht ebenfalls nie Mangel. Dies ist ein sündhaft leckeres Dessert, das beides miteinander verbindet. Mir ist klar, dass Reis selten als Dessert betrachtet wird, aber dieses ist wirklich eine köstliche Leckerei. Klebriger Kokosreis kann mit jeglichem Obst gegessen werden und schmeckt auch für sich allein sehr gut. Für dieses Rezept wird süßer Thai-Klebreis verwendet, kein Jasminreis. Was den Reis klebrig macht, ist der hohe Stärkegehalt. Süßer Reis wird gedünstet, anstatt ihn köcheln zu lassen. Dies ist ein ganz spezielles Dessert, und wie bei allem, was sündhaft gut schmeckt, gilt, dass man es in Maßen genießt. Mangos aus Manila (Carabao-Mangos) haben etwa 3–4 Monate im Jahr Saison. Ihre besondere Süße und ihre weiche Textur machen sie zum idealen Begleiter für den klebrigen Kokosreis.

FÜR 4–6 PORTIONEN

640 g süßer Thai-Reis

480 ml Kokosmilch

200–300 g Kristallzucker

1 TL Salz

4 Manila-Mangos, in mundgerechte Stücke geschnitten

Den süßen Reis mit Wasser bedeckt mindestens 3 Stunden, vorzugsweise über Nacht einweichen.

Den eingeweichten Reis in einen Bambuskorb umfüllen. Der Reis sollte auf dem Korbboden verteilt sein. 960 ml Wasser in den Dämpftopf geben. Das Wasser bei starker Hitze aufkochen.

Den Korb auf den Topf setzen und den Reis 10 Minuten zugedeckt dämpfen. Den Reis einmal wenden und weitere 10 Minuten dämpfen.

Kokosmilch, Zucker und Salz in einem kleinen Topf zum Köcheln bringen, dann vom Herd nehmen. 60 ml zurückbehalten, die restliche Kokossauce unter den Reis heben. 30 Minuten zugedeckt stehen lassen.

Direkt vor dem Servieren die zurückbehaltene Kokossauce über den Reis träufeln und diesen mit sehr reifen Mangos oder einem anderen Obst der Saison servieren.

Frittierte Bananen

Wohl jede Kultur, in der es Bananen gibt, kennt eine gebratene Version. Am bekanntesten sind die kubanischen Maduros und Tostones, doch diese hier machen dir gewaltig Konkurrenz. Was diese Zubereitung so zauberhaft macht, ist die Zugabe von Kokosraspeln zu dem gesüßten Teig. Man kann es sich etwa so vorstellen, dass ein Donut-Teig rund um eine Banane zubereitet wird. Wahnsinnig lecker!

FÜR 4 PORTIONEN

1,9 l Pflanzenöl zum Frittieren

6 feste reife Bananen

180 ml Wasser

2 Eier, geschlagen

2 EL (30 g) Zucker

65 g Mehl

2 EL (16 g) Maisstärke

40 g Kokosraspel

1 TL geröstete Sesamsamen

Einen großen Schmortopf oder Topf mit schwerem Boden stark erhitzen und das Öl darin auf 185 °C erhitzen.

Die Bananen schälen und erst der Länge nach, dann quer halbieren.

Wasser und Eier gründlich zusammen verschlagen. Zucker, Mehl, Maisstärke, Kokosraspel und Sesamsamen kurz unterrühren – ein paar Klumpen dürfen bleiben. Damit der Teig leicht und knusprig wird, darf er nicht zu lange gerührt werden.

Die Bananen in dem Teig wälzen und überschüssigen Teig abschütteln, dann sofort frittieren. Von einer Seite etwa 2 Minuten goldbraun frittieren. Wenden und weitere 1–2 Minuten von der anderen Seite frittieren. Auf einem Gitterrost abtropfen lassen und noch warm servieren.

Schnelle Donuts mit Zimt und Fünf-Gewürze-Pulver

Alles, was das Leben leichter macht, würde ich nie als Mogelei bezeichnen. Ich nenne so etwas lieber einen Hack! Dies hier ist ein super Donut-Hack. Ich könnte Donuts essen, bis meine Taille aus dem Leim geht und mein Herz verrückt spielt, aber die Zubereitung ist gar nicht so einfach. Mit eingefrorenen Biscuitbrötchen steht die perfekte, schnelle und einfache Donut-Vorlage zur Verfügung. Diese Brötchen sind hefig, süß und weich und lassen sich perfekt frittieren. Wenn du Wert auf die traditionelle Ringform legst, das Brötchen mit einem Teigroller etwas ausrollen und in die Mitte jedes Donuts ein Loch stanzen. Ich rolle sie normalerweise einfach nur aus und halbiere oder viertle sie, um eher die Form von Beignets zu bekommen.

FÜR 16 KLEINE DONUTS

2 TL (5 g) Fünf-Gewürze-Pulver

2 EL (15 g) gem. Zimt

95 g Zucker

230 g Puderzucker

60 ml Milch

1 TL Vanilleextrakt

450 g große Buttermilch-Biscuitbrötchen (aus der Dose)

1,8 l Pflanzenöl, nach Bedarf mehr

In einer großen Schüssel Fünf-Gewürze-Pulver, Zimtpulver und Zucker zusammenrühren und beiseite stellen. Für die Glasur Puderzucker, Milch und Vanilleextrakt zusammen verschlagen, bis die Glasur glatt und gleichmäßig ist.

Die Donutrohlinge auf ein Schneidbrett legen und in der Mitte durchschneiden. Das Öl in einem Schmortopf mit 4 l Fassungsvermögen auf 185 °C erhitzen. Die Donuts von jeder Seite etwa 2 Minuten goldgelb frittieren. Auf einem Gitterrost über einem Backblech etwa 2 Minuten abtropfen lassen. Eine Seite sofort in die Glasur tauchen und mit dem Würzzucker bestreuen.

Profi-Tipp: Buttermilch-Biscuitbrötchen sind schnell selbst gemacht. Du brauchst dafür nur einen klassischen Hefeteig, der mit Milch, Butter und etwas Zucker gemacht wird.

Speiseeis mit Grünem Tee

Obgleich Milchprodukte in der asiatischen Küche nicht üblich sind, ist dies die perfekte Kombination aus asiatischer und westlicher Kultur. Ich bereite sehr gerne hausgemachtes Speiseeis zu und finde, wenn man Milch, Sahne und Eier guter Qualität verwendet, ist das Ergebnis besser, ganz zu schweigen von den erzielten Pluspunkten bei Gästen und der Familie. Achte darauf, Grünteepulver zu kaufen, das auch als Matcha-Pulver bekannt ist, und keine Grünteeblätter zu verwenden. Dieser Fehler wird häufig gemacht. Das Pulver ist besonders fein und lässt sich mit allem mischen, so auch mit Speiseeis und Milchkaffee.

FÜR ETWA 950 ML

480 ml Sahne

480 ml Kaffeesahne (halb Milch, halb Sahne)

1 TL Vanilleextrakt

9 Eigelb

150 g Zucker

2 EL (20 g) Grünteepulver

Es wird eine Eismaschine benötigt.

In einem mittelgroßen Topf bei mittelstarker Hitze Sahne, Kaffeesahne und Vanille mischen, gelegentlich umrühren, damit die Mischung nicht am Boden anbrennt. Sobald die Sahnemischung zu sieden beginnt, vom Herd nehmen (soll nicht kochen).

In einer mittelgroßen Schüssel Eigelbe und Zucker mit einem Schneebesen verschlagen. Unter ständigem Schlagen die heiße Sahnemischung nach und nach untermischen. Glückwunsch, du hast soeben eine Custard (Englische Creme) zubereitet!

Die Custard-Mischung wieder in den Topf umfüllen und unter ständigem Rühren mit einem Holzlöffel bei mittelstarker Hitze erhitzen. Bei einer Temperatur von 70 °C wird die Mischung blubbernd Dampf freisetzen. Bei 80 °C wird sie dicklich und cremig wie Eierflip. Wenn du kein Kochthermometer hast, teste, indem du einen Holzlöffel in die Mischung tauchst. Fahr mit dem Finger über den Löffelrücken. Wenn die Linie, die dein Finger gezogen hat, sauber bleibt, ist die Mischung fertig. Wenn die Ränder verschwimmen, ist die Mischung noch nicht dick genug.

Die fertige Crème rasch vom Herd nehmen und das Grünteepulver unterschlagen, bis es vollständig mit der Crème vermischt ist. Den Inhalt in eine Metallschüssel füllen und im Kühlschrank etwa 4 Stunden oder über Nacht vollständig erkalten lassen. Befolge nun die Anweisungen zu deiner Eismaschine und genieße das Ergebnis!

Alis Kokos-Reispudding

Meine Frau ist bei uns zu Hause für beinahe alle Backwaren und Desserts zuständig. Das wollte ich vorab gesagt haben, denn dies ist eines meiner Lieblingsdesserts; es schmeckt einfach fabelhaft. Verwende eine hochwertige Thai-Kokosmilch und bedenke, dass eine leichte Kokosmilch ein Witz ist. Das ist etwa so, als würdest du fettfreies Eis kaufen: Sinn und Zweck, Geschmack und Aroma werden dadurch völlig kaputt gemacht.

FÜR 4 PORTIONEN

75 g gesüßte Kokosraspel

300 ml ungesüßte Kokosmilch aus der Dose, geschüttelt oder gerührt

375 g gekochter Jasminreis (Reis vom Vortag eignet sich hierfür sehr gut)

535 ml Vollmilch

65 g Zucker

¼ TL Salz

½–1 TL Vanilla Bean Paste (oder Vanilleextrakt)

Eine mittelgroße Pfanne bei mittelstarker Hitze erhitzen. Die gesüßten Kokosraspel darin goldbraun rösten. Kokosraspel aus der Pfanne nehmen und beiseite stellen.

In einem mittelgroßen Topf bei mittelstarker Hitze Kokosmilch, Reis, Vollmilch und Zucker mischen. Den Pudding etwa 45 Minuten kochen, bis er eingedickt ist, dabei häufig umrühren. Salz und Vanilla Bean Paste unterrühren. Den Pudding mit den gerösteten Kokosraspeln garnieren und servieren.

Eight Treasure Rice Pudding

Dies ist ein traditionelles Dessert zum Chinesischen Neujahresfest. Die acht Schätze oder auch Kostbarkeiten stehen für das Glück und symbolisieren Reichtum und Beschwörungen, die im Neuen Jahr Glück bringen sollen. Die Acht ist in der chinesischen Kultur zudem eine sehr glückverheißende Zahl. Das erklärt, warum dies ein glückliches Dessert ist. Achte darauf, für dieses Rezept einen Rundkorn-Klebreis zu verwenden.

FÜR 4–6 PORTIONEN

Pudding

30 g Lotussamen

480 ml kaltes Wasser

50 g chinesische rote Datteln (Jujube)

480 g Klebreis

50 g Zucker

3 EL (45 ml) Pflanzenöl, Menge aufgeteilt

1 rote Maraschino-Kirsche, mit Stiel

225 g kandierte Früchte

240 g rote Bohnenpaste

Süße Mandelsauce

3 EL (45 g) Zucker

240 ml Wasser

1 TL Mandelextrakt

1 EL (8 g) Maisstärke, gemischt mit 1 EL (15 ml) Wasser

Zubereitung des Puddings

Die Lotussamen mit dem kalten Wasser in einen Topf geben und aufkochen. Bei schwacher Hitze 20 Minuten köcheln lassen. Die Samen abtropfen und abkühlen lassen. Die Samen halbieren und beiseite stellen.

Die roten Datteln in einer Schüssel auf einem Garblech in einen Topf oder Dampfgarer stellen. Zugedeckt über kochendem Wasser 30 Minuten dünsten. Beiseite stellen.

Den Reis in einen Topf geben und mit so viel Wasser auffüllen, dass dieses 2 cm über dem Reis steht. Aufkochen, dann 20 Minuten köcheln lassen. Zucker und 2 EL Öl unterrühren. Gut mischen und beiseite stellen.

Eine mittelgroße Schüssel mit dem restlichen EL (15 ml) Öl fetten. Die Kirsche in die Mitte setzen. Lotussamen, rote Datteln und kandierte Früchte in Kreisen auf dem Boden und bis hinauf zum Schüsselrand anrichten, die glänzende Seite jeweils nach unten. Eine Lage der Reismischung vorsichtig über den Früchten verteilen, ohne das Muster zu verderben. Eine Lage rote Bohnenpaste über dem Reis verteilen. Mit einer weiteren Schicht Reis abdecken. Den Reis gut festdrücken.

Die Schüssel auf einem Garblech in einen Topf oder Dampfgarer stellen. Über kochendem Wasser 1 Stunde dämpfen. Den Pudding vorsichtig herausnehmen, hierzu mit einem flexiblen Spatel um den Rand fahren. Einen Teller auf die Schüssel stellen und die Schüssel stürzen.

Zubereitung der süßen Mandelsauce

Den Zucker in einem kleinen Topf im Wasser kochen, dabei rühren, bis sich der Zucker aufgelöst hat. Den Mandelextrakt unterrühren. Die mit Wasser angerührte Maisstärke in den Topf geben und zum Köcheln bringen, damit die Sauce eindickt. Die Sauce über den Pudding träufeln und servieren.

Thai-Eiskaffee

Der Legende nach erhält der Thai-Kaffee sein unverwechselbares nussiges Aroma dadurch, dass zusammen mit den Kaffeebohnen Tamarinde geröstet wird. Ich bin nicht sicher, ob das tatsächlich stimmt, aber ich liebe Thai-Kaffee, weil er stark ist, ohne zu bitter zu sein. Einige Straßenverkäufer ersetzen die Kaffeesahne durch Dosenmilch oder gezuckerte Kondensmilch. Ich persönlich nehme gerne die Kaffeesahne (halb Milch, halb Sahne), da sie sauberer im Geschmack ist. Dieses Rezept kann auch als Basis für ein Speiseeis verwendet werden.

FÜR 4 PORTIONEN

960 ml Wasser

50 g fertig abgepackte Thai-Kaffeemischung

200 g Zucker, oder nach Geschmack

3 EL (45 ml) Kaffeesahne (halb Milch, halb Sahne)

Das Wasser in einem mittelgroßen Topf aufkochen. Die Thai-Kaffeemischung einrühren. Etwa 20 Minuten bei mittelschwacher Hitze köcheln lassen. Nach Geschmack zuckern. Den Kaffee durch ein mit einem Seihtuch (oder Mulltuch oder Geschirrtuch) ausgelegtes Sieb abseihen. Im Kühlschrank ein paar Stunden abkühlen lassen. Im Kühlschrank ist er bis zu zwei Wochen haltbar.

Zum Servieren ein großes Glas mit Eiswürfeln füllen. Den Kaffee über das Eis gießen, etwa 1 cm Platz nach oben lassen. Mit Kaffeesahne abrunden und einen Strohhalm ins Glas stellen. Dafür sorgen, dass der Strohhalm vor dem Trinken dafür genutzt wird, die Kaffeesahne gründlich unterzumischen.

Hausgemachte Instant-Chai-Teemischung

Dieses Rezept für eine Instant-Mischung ist für die Momente gedacht, in denen du dir das Ritual sparen willst, lose Teeblätter aufzubrühen und ganze Gewürze darin ziehen zu lassen. Du kannst die Mischung in Einmachgläser füllen und mit einer hübschen Schnur umwickeln, so hast du auch noch ein tolles hausgemachtes Geschenk für Feinschmecker. Wenn es dir nach einem süßen Gewürztee gelüstet, löffle einfach etwas von der Mischung in deinen Lieblingsbecher, gib heißes Wasser dazu und fertig ist die Laube.

FÜR ETWA 1 KG TEEMISCHUNG

125 g Milchpulver

125 g Kaffeeweißer

545 g Zucker

190 g ungesüßter Instanttee

2 TL (10 g) gem. Ingwer

2 TL (10 g) gem. Zimt

1 TL gem. Gewürznelken

1 TL gem. Kardamom

Alle Zutaten in einen Mixer geben und durch mehrfache Intervallschaltung vollständig vermengen – die Mischung soll von einheitlicher Farbe sein. In einem luftdicht schließenden Behälter aufbewahren.

Zum Servieren gibst du 2 gehäufte EL (30 g) der Chai-Teemischung in deinen Lieblingsbecher und füllst mit 180–240 ml heißem Wasser auf. Gut umrühren und genießen.

Thai-Eistee

Thai-Tee ist dem indischen Chai-Tee sehr ähnlich. Die Basis ist schwarzer Tee mit zugesetzten Gewürzen wie Vanille, Gewürznelken und Kardamom. Er ist vermutlich super süß und wird mit sehr vielen Eiswürfeln serviert, aber wenn du ihn zu Hause selbst zubereitest, kannst du die Süße selbst bestimmen. Mit wenigen Klicks findest du abgepackte Thai-Teemischungen im Internet. Das ist sehr viel einfacher, als den Tee selbst herzustellen.

FÜR 4 PORTIONEN

960 ml Wasser

95 g fertige Thai-Teemischung

200 g Zucker

3–4 EL (45–60 ml) Kaffeesahne (halb Milch, halb Sahne)

Das Wasser in einem mittelgroßen Topf aufkochen. Die Thai-Teemischung einrühren. Bei mittelschwacher Hitze etwa 20 Minuten köcheln lassen. Nach Geschmack zuckern. Den Tee durch ein mit einem Seihtuch oder Geschirrtuch ausgelegtes Sieb abseihen. Im Kühlschrank ein paar Stunden abkühlen lassen. Der Tee hält im Kühlschrank bis zu 2 Wochen.

Zum Servieren ein großes Glas mit Eiswürfeln füllen. Den Tee über das Eis gießen, dabei nach oben 1 cm Platz lassen. Mit Kaffeesahne abrunden und einen Strohhalm hineinstellen. Dafür sorgen, dass der Strohhalm vor dem Trinken dafür genutzt wird, die Kaffeesahne gründlich unterzumischen.

Seite 150

Fonds/Brühen, Hauptnahrungsmittel und Basiskomponenten

Hier folgen die Grundrezepte für beinahe jede Mahlzeit. In diesem Kapitel lernst du, wie die vielen Reisarten zubereitet werden, die du zu den perfekten asiatischen Mahlzeiten essen wirst, und du lernst, großartige Gerichte mit gebratenem Reis zuzubereiten. Immer wieder werde ich nach meiner Meinung zu einem Reiskocher gefragt. Brauchst du einen Reiskocher? Wenn du nicht öfter als zwei Mal pro Woche Reis kochst, sage ich: »Nein, keinesfalls.« Investiere lieber in einen Topf mit schwerem Deckel, darin lässt sich Reis perfekt zubereiten, und so ein Topf ist von sehr vielseitigerem Nutzen. Die Geheimnisse für die Zubereitung von einem großartigen Reis sind hochwertiger Reis, das richtige Verhältnis von Wasser und Reis und die Wärmekontrolle. Die Details wirst du auf den folgenden Seiten erfahren.

Hier findest du auch alle Suppenfonds. Es ist okay, etwas zu schummeln und auch einmal fertige Brühe zu kaufen. Bei jedem Rezept, das Knochen verlangt, kannst du Brühe aus der Dose oder aus dem Glas verwenden. Bitte verfeinere diese Brühe aber mit den verschiedenen Aromastoffen und Würzmitteln, die im Rezept angegeben sind. Das ergibt einen akzeptablen Kompromiss.

Thai-Hühnerbrühe

Dies ist das Rezept für die Grundbrühe der beiden weltweit bekanntesten Thai-Suppen, Tom Yum (pikant und sauer, Seite 92) und Tom Kha Gai (Kokos-Hühnersuppe, Seite 95). Ich finde, es macht einen gewaltigen Unterschied, die Brühe von Grund auf selbst zuzubereiten und keine fertige zu kaufen. So entfalten sich mehr Aromaschichten und einen intensiveren Wohlgeschmack. Die Suppe kann auch einfach so gegessen werden, dann muss sie jedoch noch mit etwas Salz oder Fischsauce gewürzt werden.

FÜR ETWA 2 L

1 Hühnerkarkasse oder ein ganzes Huhn, in 8 Stücke zerteilt

kaltes Wasser zum Bedecken des Hühnerfleisches

2 l Wasser

8 cm Galgant, in dünne Scheiben geschnitten

2 Stängel Zitronengras, nur der dicke untere Teil, zerdrückt

2–3 Kaffirlimettenblätter

2 Knoblauchzehen, geschält

1 große Schalotte, geschält und in Scheiben geschnitten

2 Thai-Chilis, mit dem Messer zerdrückt

Ein zerteiltes ganzes Huhn oder eine Hühnerkarkasse in einen Suppentopf mit 8 l Fassungsvermögen legen und mit kaltem Wasser bedecken. Aufkochen und 5 Minuten köcheln lassen. Die Knochen herausnehmen und unter fließendem kalten Wasser spülen, bis Bodensatz und Schaum abgewaschen sind. Das Kochwasser wegschütten und den Topf kurz ausspülen. Die Hühnerkarkasse wieder in den Topf geben mit 2 l frischem Wasser bedecken. Die Brühe bei starker Hitze kräftig aufkochen, dann auf ein Köcheln herunterschalten.

Galgant, Zitronengras, Kaffirlimettenblätter, Knoblauch, Schalotte und Chilis mit in den Topf geben und köcheln lassen. Schaum und Fett häufig abschöpfen und die Suppe etwa 1,5 Stunden köcheln lassen. Jegliches Fett abschöpfen und die Brühe durch ein mit einem Seihtuch ausgelegtes Sieb abseihen. Falls du die Brühe nicht sofort verwendest, hält sie sich etwa eine Woche im Kühlschrank oder kann für 6 Monate eingefroren werden.

Dashi-Brühe

Dashi ist der Suppenfond für alle japanischen Gerichte. Er wird für alle wesentlichen Gerichte wie Ramen, Tempura-Sauce, Miso-Suppe und Udon-Suppe benötigt. Du kannst auch die Instant-Version kaufen, Hon-Dashi, diese enthält aber sehr viel Glutamat. Daher sollte die Brühe am besten von Grund auf selbst zubereitet werden. Es ist auch einfach nur eine Fischbrühe. Im Gegensatz zu einem westlichen Fischfond, bei dem Gräten und Mirepoix (Röstgemüsemischung) gekocht werden, ist die Zubereitung von Dashi eher eine Art Teamarbeit. Entscheidend ist Katsuobushi, auch bekannt als Bonito-Flocken. Bonito ist verwandt mit dem Thunfisch. Er wird filetiert, geräuchert und anschließend getrocknet, bis er steinhart ist. Dadurch konzentriert sich umami, und das Fischige verschwindet. Anschließend wird der Fisch in super dünne Flocken gehobelt. Diese Flocken, Katsuobushi, werden mit Kombu (Seetang) eingeweicht, der ebenfalls zu harten Platten getrocknet wird. Durch den Trocknungsprozess wird das Wasser entzogen, und das natürliche Meersalz wird konzentriert und zu reinem umami. Dieses weiße Meersalz des Kombu versuchen Glutamate nachzuahmen.

FÜR ETWA 950 ML

960 ml kaltes Wasser

1 Stück (10 × 10 cm) Riesentang (Kombu)

24 g getr. Bonito-Flocken (Katsuobushi)

In einem mittelgroßen Topf das kalte Wasser mit dem Riesentang mischen. Bei mittelstarker Hitze erhitzen. Wenn das Wasser zu köcheln beginnt, siehst du, wie sich am Topfboden winzige Bläschen bilden. Den Topf vom Herd nehmen und den Kombu herausnehmen. Lässt man den Kombu kochen, schmeckt die Brühe fettig und metallisch.

Die Brühe auf mittelstarke Hitze erhitzen, und sobald das Wasser zu köcheln beginnt, die Bonito-Flocken langsam hineinrieseln lassen. Die Flocken etwa 1 Minute ziehen lassen, ohne zu rühren. Den Topf vom Herd nehmen und die Brühe durch ein mit einem Seihtuch ausgelegtes Sieb abseihen.

Chinesischer Hühnersuppenfond

Meine kantonesische Oma kochte zu jeder Mahlzeit eine Suppe, wie dies in Südchina üblich ist. Im Lauf der Jahre habe ich ihr dabei zugesehen, wie sie Hunderte von Suppen gekocht hat, und sie begann jeweils mit genau diesem Fond. Er ist die Mutter aller chinesischen Suppengerichte. Er ist die Brühe für alle Wan-Tan- und Nudelsuppen. Er ist auch der Fond für jedes Gericht, das eine Suppe verlangt, wie Congee. Du kannst noch dein Lieblingsgemüse dazugeben wie Pak Choi und ein paar Frühlingszwiebeln – und fertig ist eine perfekte herzhafte Gemüsesuppe.

FÜR ETWA 4 L

1 ganzes Huhn, in 8 Stücke zerteilt (ohne Haut)

450 g Knochen vom Schweinenacken

4 l kaltes Wasser

5 cm Ingwer

1 Knoblauchzehe, zerdrückt

2 Frühlingszwiebeln, gedrittelt

½ TL weiße Pfefferkörner

2 EL (30 ml) Austernsauce

Salz nach Geschmack

3 l Wasser in einem großen Suppentopf aufkochen. Die Hähnchenteile und Knochen vom Schweinenacken darin 3–5 Minuten kochen lassen. So treten Blut und Schaum aus. Das Wasser wegschütten und das Fleisch abspülen.

Huhn und Schweineknochen wieder in den Topf geben. 4 l kaltes Wasser zugießen und alle weiteren Zutaten außer dem Salz dazugeben. Das Wasser aufkochen und den Topf zudecken. Die Wärmezufuhr so reduzieren, dass die Suppe leicht köchelt, den Deckel dabei einen Spalt offen lassen. 2–4 Stunden köcheln lassen, gelegentlich den Schaum abschöpfen. Nach Geschmack salzen.

Den Fond abkühlen lassen, dann die Feststoffe heraussieben und wegwerfen. Der Fond hält sich im Kühlschrank 4–5 Tage.

Indisches Naan-Brot

Dies ist mein Allzweckrezept für Naan, Fladenbrot, Pita und Pizza! Perfekt zu Hummus oder für eine selbst gebackene Pizza.

FÜR ETWA 7–12 STÜCK

300 ml warmes Wasser

1 EL (12 g) Trockenhefe

½ EL (8 g) Zucker

1 extra großes Ei

30 ml Olivenöl

165 ml Naturjoghurt

1070 g Brotmehl, zusätzliche Menge zum Kneten

40 g Maismehl

½ TL Backpulver

½ EL (7 g) Salz

In der Rührschüssel eines Standmixers warmes Wasser, Hefe und Zucker mischen. Mit einem Schneebesen rühren, bis alles gut vermengt ist. 10–15 Minuten stehen lassen, bis sich oben eine dicke Schicht bildet.

In einer anderen Schüssel das Ei mit Olivenöl und Joghurt schlagen, bis alles gut vermengt ist. Diese Mischung zu der Wasser-Hefe-Mischung geben.

Brotmehl, Maismehl, Backpulver und Salz zu der Mischung geben und mit dem Knethaken 10 Minuten mit niedriger Geschwindigkeit kneten. Den Mixer ausschalten und den Teig von der Schüsselwand nach unten abkratzen. Ungefähr noch 5 Minuten mit niedriger Geschwindigkeit weitermixen, bis sich der Teig völlig von der Schüsselwand löst. Der Teig soll glatt, weich und leicht klebrig sein.

Die Schüssel aus dem Mixer nehmen und den Teig von der Schüsselwand abkratzen. Zugedeckt ungefähr 1 Stunde an einem warmen Ort gehen lassen, bis sich das Volumen verdoppelt hat.

Den Teig aus der Schüssel nehmen und auf eine leicht bemehlte Arbeitsfläche legen. Vorsichtig die Luft herauslassen, indem der Teig nach unten gedrückt wird. In Portionen von 85-110 g teilen. Die Teigstücke zu Kugeln formen und mit 5 cm Abstand voneinander auf ein leicht bemehltes Backblech legen. Mit einem Küchentuch oder mit Frischhaltefolie leicht abdecken. 15–20 Minuten an einem warmen Ort stehen lassen, bis die Kugeln aufgegangen und weich sind, wenn man mit dem Finger hineindrückt.

Die Kugeln zu Scheiben mit 20–23 cm Durchmesser ausrollen. Leicht mit Mehl bestäuben, damit sie nicht aneinanderkleben.

Den Grill auf hoher Stufe erhitzen und mindestens 10 Minuten vorheizen lassen. Die Brote können auch in einer gusseisernen Pfanne auf dem Herd gebacken werden. Die rohen Brote leicht mit Öl einsprühen und auf den vorgeheizten Grill legen. Sobald die Brote nach etwa 45 Sekunden gebräunt sind und sich aufblähen, wenden und weitere 45 Sekunden backen. Die Brote übereinanderstapeln, damit sie nicht austrocknen.

Sushi-Reis

Ursprünglich war Sushi eine Methode, um Fisch zu konservieren. Der Reis wurde kräftig eingelegt, und Lagen aus Fisch und Reis wurden zusammengepresst, um den Fisch haltbar zu machen. Später kam es in Mode, den Fisch roh und mit weniger stark gewürztem Reis zu essen. Das Wort Sushi bedeutet wörtlich »gesäuerter Reis«, daran siehst du, wie wichtig er ist. Du kannst dir den Reis als Stärke und Würze für den rohen Fisch vorstellen. Der zusätzliche Vorteil von Sushi-Reis ist, dass der Essig den pH-Wert erhöht, wodurch das Essen von rohem Fisch noch sicherer wird.

FÜR ETWA 1,5 KG

700 g Sushi-Reis

710 ml Wasser

180 ml ungewürzter Reisessig

5 EL (65 g) Zucker

60 g Meersalz oder koscheres Salz (grobkörniges Natursalz)

1 Quadrat Kombu (10 × 10 cm)

Den Reis in ein feines Sieb geben und unter fließendem kalten Wasser spülen. Den Reis dabei reiben, bis das Wasser klar bleibt, dann gut abtropfen lassen. Reis und Wasser in einen Reiskocher geben und 20 Minuten kochen lassen. Bei Verwendung eines Topfes, Reis und Wasser in einen schweren Topf mit 2 l Fassungsvermögen und einem dicht schließenden Deckel füllen. Zugedeckt bei starker Hitze aufkochen, den Herd auf die niedrigste Stufe schalten und 20 Minuten kochen lassen. Topf vom Herd nehmen und 20 Minuten ruhen lassen, bis die Flüssigkeit aufgenommen wurde und der Reis glänzend und weich ist.

In einem anderen kleinen Topf Reisessig, Zucker, Salz und Kombu mischen. Bei schwacher Hitze unter ständigem Rühren kochen, bis sich Zucker und Salz aufgelöst haben. Dieser Reisessig kann Wochen vor dem Gebrauch zusammengemischt werden und hält sich.

Den Reis, nachdem er geruht hat, in eine große hölzerne Salatschüssel umfüllen und mit einem Silikonspatel vorsichtig zu einer gleichmäßigen Schicht verstreichen. Erneut etwa 15 Minuten ruhen lassen, ohne daran zu rühren. Langsam die Essigmischung über den Reis träufeln. Reis und Essig durch vorsichtiges Unterheben mischen, dabei darauf achten, keine Reiskörner zu zerbrechen. Große Klumpen kannst du auseinanderdrücken und den Reis wieder unter den Essig heben. Den Reis probieren und nach Geschmack noch etwas von der Essigmischung dazugeben. So lange vorsichtig unterheben, bis alle Klumpen beseitigt sind und der Reis gleichmäßig und glänzend ist. Du kannst den Sushi-Reis in einem großen Schmortopf aufbewahren, der mit Frischhaltefolie ausgelegt ist und einen Deckel hat, bis du das Sushi zubereitest.

Koreanischer Rote-Bohnen-Reis

Viele haben sich gefragt, wie dieser leckere Reis zubereitet wird, der häufig zu koreanischem BBQ gegessen wird. Es macht Spaß, den zähen Rundkornreis zu essen, der mit zähen roten Bohnen rot gefärbt wurde. Eine Art Reismüsli mit seinen verschiedenen Texturen. Das Geheimnis dabei sind die Adzuki-Bohnen, sehr kleine rote Bohnen, die ursprünglich aus China stammen und sich in ganz Asien verbreitet haben. Du erhältst viel Eiweiß und das ist ein Hauptprodukt der makrobiotischen Ernährung – auch wenn die wenigsten von uns sich wirklich dafür interessieren. Für die, die es tun jedoch, sind sie eine großartig getarnte gesundheitsfördernde Zutat.

FÜR 4 PORTIONEN

80 g getr. Adzuki-Bohnen

480 ml Wasser plus 300 ml, Menge aufgeteilt

250 g Rundkornreis

Die Bohnen in 480 ml Wasser 4 Stunden oder über Nacht einweichen. Die Bohnen in einem feinmaschigen Sieb abtropfen lassen, 240 ml des Einweichwassers jedoch zurückbehalten. Bohnen und Reis in einen Topf mit 1 l Fassungsvermögen oder einen Reiskocher geben und 300 ml Wasser plus die 240 ml Einweichwasser zugießen.

Den Topf bei starker Hitze erhitzen. Sobald das Wasser kocht, alles gut durchrühren, auf ein leichtes Köcheln herunterschalten und den Topf zudecken. Nach 20 Minuten den Herd ausschalten, den Topf vom Herd nehmen und mindestens 15 Minuten quellen lassen, dann die Reismischung mit einer Gabel auflockern und servieren.

Perfekter Jasminreis

Jasminreis entwickelt sich weltweit rasch zum beliebtesten Tafelreis. Er ist perfekt, weil er alle Eigenschaften besitzt, die man sich wünscht. Es ist ein Langkornreis mit feinem Duft und gutem Mundgefühl. Asiaten kochen Jasminreis seit Hunderten von Jahren, und du kannst wetten, dass dabei so gut wie nie ein Messbecher zum Einsatz kam. Das Verrückte beim Jasminreis ist, dass du, je mehr Reis du kochst, desto weniger Wasser benötigst. Es ist also alles eine Sache der Zeigefingermethode.

FÜR ETWA 500 G

230 g Langkorn-Jasminreis

300 ml Wasser

Den Reis in ein feinmaschiges Sieb geben und unter kaltem fließenden Wasser spülen. Den Reis zuerst etwa 30 Sekunden mit den Fingern waschen, anschließend 1 Minute spülen.

Den Reis in einen Topf mit 2 l Fassungsvermögen geben. Den Zeigefinger so in den Topf halten, dass die Fingerspitze den Reis oben berührt. Nun Wasser zugießen, bis dieses bis zur ersten Querfalte des Fingers reicht. Das Wasser stark erhitzen. Sobald es kocht, gut durchrühren, auf ein leichtes Köcheln herunterschalten und den Deckel auf den Topf legen. Nach 20 Minuten den Herd ausschalten, den Topf vom Herd nehmen und den Reis darin mindestens 15 Minuten quellen lassen, dann die Reismischung mit einer Gabel auflockern und servieren.

Brauner Reis

Die Beliebtheit von braunem gegenüber weißem Reis nimmt rasch zu, er ist allerdings nicht ganz so einfach zu kochen. Bei braunem Reis ist die Hülle der Kleie noch vorhanden. Dieser Extrapanzer braucht zur Aufspaltung etwas mehr Wasser und etwas mehr Zeit. Dieses Rezept arbeitet wie das für den weißen Jasminreis auf der vorherigen Seite mit der Fingermethode – es ist die klassische Methode, Reis stets perfekt zu kochen. Sie funktioniert bei praktisch allen üblichen braunen Reissorten wie Langkorn, Rundkorn und Jasmin.

FÜR ETWA 500 G

200 g brauner Reis

420 ml Wasser

Den Reis in ein feinmaschiges Sieb geben und unter kaltem fließenden Wasser spülen. Den Reis zuerst etwa 30 Sekunden mit den Fingern waschen, anschließend 1 Minute spülen.

Den Reis in einen Topf mit 2 l Fassungsvermögen geben. Den Zeigefinger so in den Topf halten, dass die Fingerspitze den Reis oben berührt. Nun Wasser zugießen, bis dieses bis zur ersten Querfalte des Fingers reicht. Das Wasser stark erhitzen. Sobald es kocht, gut durchrühren, auf ein leichtes Köcheln herunterschalten und den Deckel auf den Topf legen. Nach 30 Minuten den Herd ausschalten, den Topf vom Herd nehmen und den Reis darin mindestens 15 Minuten quellen lassen, dann die Reismischung mit einer Gabel auflockern und servieren.

Thai-Klebreis

Die meisten »klebrigen« Reissorten sind Rundkornreis wie der Reis in Sushi. Duftreis ist hingegen üblicherweise Langkornreis wie Jasmin- oder Basmati-Reis. Thai-Klebreis ist ein einzigartig duftender und klebriger Langkornreis, der ausschließlich in der Region zwischen Thailand und Vietnam angebaut wird. Er ist eine der wenigen Reissorten, die tatsächlich gedämpft wird. Er saugt beim Einweichen viel Wasser auf. Zwar sagen wir bei den meisten Reissorten, sie würden gedämpft, sie werden jedoch beinahe alle gekocht. Am besten wird Thai-Klebreis in einem Bambus-Reisdämpfer zubereitet, der zudem preiswert ist. Ein Dampfgartopf eignet sich ebenfalls, und notfalls tut es auch ein ganz normaler Topf mit einem Metallsieb als Dämpfeinsatz.

FÜR 4 PORTIONEN

500 g süßer Thai-Reis

960 ml Wasser plus 710 ml, Menge aufgeteilt

Den Reis in eine mittelgroße Schüssel füllen und mit dem Wasser in Zimmertemperatur bedecken. Mindestens 3 Stunden, vorzugsweise über Nacht einweichen.

Ein Reisdämpfer für Thai-Klebreis besteht aus zwei Teilen: einem Aluminiumtopf und einem Bambuskorb. Den kochfertigen eingeweichten Reis in den Bambuskorb umfüllen. Den Korb kräftig auf die Arbeitsplatte oder einen Tisch schlagen, damit der Reis fest auf dem Korbboden sitzt. 710 ml frisches Wasser in den Topf füllen und bei starker Hitze aufkochen.

Sobald das Wasser kocht, den Korb auf den Topf setzen und mit einem mittelgroßen Topfdeckel abdecken. 10 Minuten dämpfen lassen, bis der Reis klebrig wird, dann den Reis durch Hochwerfen wenden. Dabei greifst du den Korb an beiden Seiten und wirfst den Reis nach oben und leicht nach vorne, wie beim Wenden eines Pfannkuchens durch Hochwerfen. Die Reiskugel weitere 10 Minuten dämpfen, bis der Reis weich ist und bei Berührung nachgibt. Verbrühe dich nicht beim Abheben des Deckels von dem Korb. Topf vom Herd nehmen, zugedeckt 10 Minuten ruhen lassen und warm servieren.

Duftreis in Kokosmilch gegart

Dieses Rezept bereite ich in unseren Restaurants zu, und es ist bei den Gästen immer sehr beliebt. Es eignet sich perfekt für Gelegenheiten, bei denen du etwas Reichhaltigeres und Dekadenteres als einfachen Reis anbieten möchtest. Dieser Reis ist cremig und sehr aromatisch. Wenn du am nächsten Tag ein wirklich schlechtes Gewissen haben willst, gib noch ein paar Esslöffel Zucker oder Honig dazu.

FÜR ETWA 1 KG

2 EL (30 ml) Pflanzenöl

½ Zwiebel, fein gehackt

450 g Jasminreis

2 TL (10 g) koscheres Salz (grobkörniges Natursalz)

240 ml Kokosmilch aus der Dose

590 ml Wasser

2 ganze Gewürznelken

1 ganze Zimtstange

2 Lorbeerblätter

Das Öl bei starker Hitze in einem Topf mit 2 l Fassungsvermögen erhitzen. Zwiebel zugeben und 1 Minute glasig anbraten. Reis und Salz zugeben und 1 weitere Minute anbraten.

Kokosmilch und Wasser zugeben und die Mischung aufkochen. Gewürznelken, Zimt und Lorbeerblätter unterrühren. Die Wärmezufuhr so regulieren, dass der Reis leicht köchelt.

Den Reis ohne umrühren zugedeckt 20 Minuten köcheln lassen, bis die Flüssigkeit vollständig absorbiert ist. Den Topf vom Herd nehmen und mindestens 20 Minuten bis zu 1 Stunde zugedeckt ruhen lassen. Mit einer Gabel auflockern, die Gewürze herausnehmen und warm servieren.

Saucen und Dips

Ich habe diese Rezepte in einem eigenen Kapitel zusammengefasst, weil sie auch für sich allein äußerst nützlich sind. So sind sie rasch aufzufinden, wenn du sie als perfekte Begleitung oder i-Tüpfelchen für eine Mahlzeit benötigst.

Mach es wie ein Profi-Koch. Wenn du feststellst, dass du einige dieser Saucen und Dips häufig zubereiten oder oft Appetit darauf hast, bereite gleich eine größere Menge zu. Im Restaurant nehme ich die fünf- oder zehnfache Menge und bewahre die Saucen in luftdicht schließenden Behältern oder Quetschflaschen auf. Auf diese Weise sind sie einsatzbereit, wenn du eine perfekte Sauce brauchst. Noch eine letzte Bitte: Hör auf, den fertigen Schrott im Supermarkt zu kaufen. Diese Produkte enthalten viel Glutamat und anderen Ramsch, den du nicht verspeisen willst.

Bereite die Saucen mit Freude von Grund auf selbst zu und experimentiere mit Zutaten, Geschmacksrichtungen und Aromen.

Fantastische hausgemachte Sriracha

Wer seine Sriracha wirklich würzig-scharf liebt, dreht das Verhältnis der Serrano- und Jalapeño-Chilis um. Und wer sie dann noch immer nicht scharf genug findet, ersetzt die Chilischoten durch Scotch-Bonnet- und Thai-Chilis. Mach mich jedoch nicht dafür verantwortlich, wenn du in diesem Fall ein Brennen im Mund oder an anderen Körperstellen verspürst! Mit diesem Rezept kannst du auch deine speziellen Chilis wie New Mexico Hatch oder selbst gezogene Chilis konservieren.

FÜR ETWA 480 ML

340 g rote Jalapeños, ohne Stiele, grob gehackt

115 g rote Serranos, ohne Stiele, grob gehackt

230 g grüne Jalapeños, ohne Stiele, grob gehackt

4 Knoblauchzehen

25 g weißer Zucker

25 g brauner Zucker

1–2 TL (5–10 g) Salz

120 ml destillierter weißer Essig

1 TL Xanthangummi (nach Belieben, sorgt für längere Haltbarkeit)

Chilis, Knoblauch, Zucker und Salz in die Küchenmaschine geben und in Intervallschaltung zerkleinern. Die Mischung in einen sauberen Behälter umfüllen und zugedeckt bei Zimmertemperatur ruhen lassen. Dafür geeignet ist ein Einmachglas mit lose aufgesetztem Deckel oder eine saubere Schüssel, die mit Frischhaltefolie abgedeckt wird.

Die Fermentierung beginnt nach etwa 2 Tagen. Wenn sich die ersten Blasen bilden, den »Brei« 1- bis 2-mal pro Tag umrühren, um alles zu vermengen und sich setzen zu lassen. So weitermachen, bis die Mischung keine Blasen mehr bildet, was etwa 6–8 Tage dauert.

Den Brei in einen Mixer füllen, den Essig zugießen und sehr glatt pürieren. Die Sauce durch ein feinmaschiges Sieb abseihen. Xanthangummi zugeben und erneut pürieren, bis die Mischung glatt und dick ist. Die Sauce in Quetschflaschen füllen. Im Kühlschrank hält sie sich bis zu 3 Monate.

Omas Geheimrezept für eine scharfe Sauce

Diese Dip-Sauce hat meine Oma immer für ihre Teigtaschen aus der Pfanne zubereitet. Bis heute erinnern mich die Aromen an ihre Kochkünste. Dies ist eine von den super einfachen und dennoch perfekten Saucen. Ich habe sie während meiner Berufslaufbahn oft zubereitet, und sie erstaunt und verblüfft jeden Koch, der sie probiert. Nun bist du dran, deine Gäste damit zu beeindrucken.

FÜR ETWA 180 ML

60 ml Sojasauce

60 ml Sriracha (Seite 177)

50 g Zucker

Alle Zutaten in einer kleinen Schüssel mit dem Schneebesen schlagen, bis sich der Zucker aufgelöst hat.

Hoisin-Erdnuss-Dip-Sauce

Dies ist meine Lieblingssauce für frische Frühlingsrollen; sie eignet sich aber auch großartig als Dip-Sauce für Satay, Chicken Wings oder Sonstiges. Das süße Hoisin-Aroma steht im Vordergrund und passt ebenfalls gut zu Ente.

FÜR ETWA 240 ML

120 ml Hoisin-Sauce

3 EL (45 ml) cremige Erdnussbutter

60 ml Wasser

1 EL (15 ml) Reisessig

Alle Zutaten gründlich miteinander verrühren.

Erdnusssauce

Diese Sauce wurde traditionell zu Satay gereicht, hat sich inzwischen jedoch zu einer Grundsauce entwickelt. Sie kann als Dip-Sauce zu Fingerfood wie Rippchen und Teigtaschen verwendet werden. Unter gekochte Nudeln gemischt, wird ein fantastisches asiatisches Pasta-Gericht daraus. Mit zusätzlichem Essig verdünnt, wird ein tolles Salatdressing daraus. Verwende dieses Rezept immer dann, wenn du eine leckere Erdnusssauce brauchst. Ob du sie stückig oder glatt püriert verwenden möchtest, liegt ganz bei dir.

FÜR ETWA 600 ML

2 EL (30 ml) Pflanzenöl

1 EL (15 g) rote Currypaste, nach Geschmack auch mehr

490 ml Kokosmilch

2 EL (30 g) stückige Erdnussbutter, nach Geschmack auch mehr

2 EL (30 ml) Fischsauce

½ TL Reisessig

2 EL (30 g) Zucker, nach Geschmack auch mehr

Das Öl bei starker Hitze in einem kleinen Topf erhitzen. Die Currypaste etwa 1 Minute in das heiße Öl einrühren, bis sie sehr aromatisch und dick ist.

Die Kokosmilch einrühren und aufkochen, unter ständigem Rühren 2 Minuten weiterkochen lassen. Gut aufpassen, dass sie nicht überkocht. Unter ständigem Rühren die Erdnussbutter 2–3 Minuten unterrühren, bis die Sauce einzudicken und sich zu verbinden beginnt.

Wärmezufuhr reduzieren, sodass die Sauce nur noch köchelt, Fischsauce, Reisessig und Zucker unterrühren. Die Sauce noch 1 Minute kochen, dann vom Herd nehmen. Den öligen Film, der nach oben steigen wird, kannst du nach Belieben abschöpfen.

Vietnamesische Nuoc-Cham-Dip-Sauce

Diese orange Sauce wird immer zu vietnamesischen Gerichten serviert – von knusprigen Frühlingsrollen über Reisteller bis zu kalten Nudelgerichten. Ein toller Kniff ist es, zum Abschluss noch etwas Chili-Knoblauchsauce unterzurühren. So erhält die Sauce einen Extra-Kick.

FÜR ETWA 240 ML

2 EL (30 ml) Limettensaft

60 ml Fischsauce

60 ml Wasser

1 EL (15 ml) Reisessig

50 g Zucker

1 Knoblauchzehe, fein gehackt

1 Thai-Chili, fein gehackt

Alle Zutaten vermengen und gründlich verrühren, bis sich der Zucker vollständig aufgelöst hat.

Koreanische Gochujang-Sauce

Diese Sauce mag ich zu vielen Gerichten. Von Chicken Wings bis zu Burgern und Hotdogs, sogar als Dip für Pommes frites. Die Sauce eignet sich auch bestens für koreanische Reis- und Getreideschalen. Zucker, Essig und Sesamöl mildern die Schärfe der Chilipaste perfekt.

FÜR ETWA 240 ML

60 g koreanische fermentierte scharfe Chili-Pfefferpaste (Gochujang)

65 g Zucker

80 ml Sojasauce

1 EL (15 ml) Sesamöl

Alle Zutaten vermengen und verrühren, bis sich der Zucker vollständig aufgelöst hat.

Sriracha-Mayo und Wasabi-Mayo

Zwei Grundprodukte asiatischer Imbisswagen – und damit super nützlich in der heimischen Küche! Sriracha-Mayo eignet sich sehr gut für ein schnelles Spicy Tuna. Beide passen super zu asiatischen Versionen von Burgern, Hotdogs und weiteren Imbissgerichten.

FÜR JEWEILS KNAPP 170 G

Sriracha-Mayo

115 g Mayonnaise

2 EL (30 ml) Sriracha-Chilisauce

1 TL Sesamöl

Wasabi-Mayo

2 EL (10 g) Wasabi-Pulver (japanisches Meerrettichpulver)

2 EL (30 ml) Wasser

115 g Mayonnaise

Die jeweiligen Zutaten gründlich miteinander verrühren.

Tempura-Dip-Sauce (Tentsuyu)

Dies ist zwar die klassische Tempura-Dip-Sauce, aber ich finde das Rezept auch super für eine kalte oder heiße Nudelsuppe.

FÜR ETWA 300 ML

120 ml Dashi-Brühe (Seite 167)

90 ml Mirin

90 ml helle Sojasauce

1 TL fein geriebener Ingwer

Alle Zutaten in einem Topf bei mittelstarker Hitze vermengen und kurz aufkochen. Vom Herd nehmen und warm verwenden oder bis zum Gebrauch im Kühlschrank aufbewahren.

Teriyaki-Sauce

Diese Sauce gehört zum Teriyaki-Lachs (Seite 42) und kann gut im Kühlschrank aufbewahrt werden. Die Sauce kann als Marinade verwendet werden und als Sauce zu jeglichem Fleisch, zu Meeresfrüchten oder Gemüse.

FÜR ETWA 300 ML

60 ml Sake

90 ml Mirin

120 ml Sojasauce

3 EL (45 g) Zucker

1 EL (8 g) Maisstärke, angerührt mit 1 EL (15 ml) Wasser

Alle Zutaten in einem kleinen Topf mischen und bei mittelstarker Hitze zum Köcheln bringen. Mit dem Schneebesen schlagen, bis sich der Zucker aufgelöst hat und die Sauce blubbert und leicht eindickt.

Danksagung

Gefühlt hat das Schreiben dieses Buches 20 Jahre gedauert. Ich hätte nie gedacht, dass meine Kocherfahrungen dahin führen würden. Es gibt so viele Leute, denen ich danken möchte, und sollte ich jemanden vergessen, tut es mir leid und ich spendiere der betreffenden Person ein Bier!

Zuerst muss ich meiner fantastischen Frau danken, Ali Tila. Sie ist wirklich meine bessere Hälfte. Ohne sie wäre dieses Buch niemals fertig geworden. Von der Bearbeitung, dem Schreiben und Beitragen von Rezepten bis dahin, mich bei der Stange zu halten, die Peitsche zu schwingen und mich zum Weitermachen zu motivieren – sie ist wirklich der Mittelpunkt meines Universums. Ich liebe dich, Babe, du bist alles für mich!

Mary Tila, meiner Mama, die mich zeit meines Lebens zu ertragen, aber nie daran gezweifelt hat, dass mein Weg, auch wenn er nicht der einfachste war, der richtige ist. Du hast einiges aushalten müssen und warst meine wichtigste Kritikerin, die mich immer motiviert hat, es besser zu machen.

Tad Weyland und ich kochen inzwischen seit beinahe 15 Jahren zusammen. Du hast mich motiviert, ein Leben außerhalb der asiatischen Küche zu verwirklichen, und bist wirklich ein großartiger Partner und Mitarbeiter bei sehr vielen Projekten.

Taji Marie ist eine wunderbare Köchin und Patentante unserer Kinder. Danke, dass du dafür gesorgt hast, dass diese Gerichte ins Auge stechen. Dein Food Styling geht weit darüber hinaus, Essen toll aussehen zu lassen. Es erzählt die Geschichte eines Kochs und hilft den Lesern, die Feinheiten der Gerichte zu verstehen.

Andrea Ung und Scott Okazaki, die zu meinen besten Freunden zählen und mir als Nord- und Südpol immer die richtige Richtung weisen.

Nick Rivera, dir danke ich für deine Art des Kochens, für deine Organisation und deinen Umgang mit Lebensmitteln.

Ken Goodman, beim Anblick von dessen Fotos ich immer Hunger bekomme. Ich kann gar nicht glauben, dass wir uns erst bei diesem Buch kennengelernt haben, aber ich freue mich auf viele weitere.

Zu danken habe ich auch Mayi Brady, Barbara Hansen, Russ Parsons, Neal Fraser, Marc Zammit und Christine Seitz, die für meine berufliche Laufbahn maßgeblich waren. Ihr alle habt mir nicht nur beigebracht, was ein guter Koch ist, sondern auch, dass Charakter ebenso wichtig ist wie Erfolg.

Sarah Monroe und dem restlichen Team von Page Street Publishing danke ich ebenfalls. Kaum zu glauben, dass innerhalb von eineinhalb Jahren aus einer nüchternen E-Mail ein Kochbuch geworden ist. Danke, dass ihr an mich geglaubt und dabei geholfen habt, diesem Buch ein Gesicht zu geben. Ohne euch würde es dieses Buch nicht geben.

Schließlich danke ich meiner Großmutter Keyoon Cheowanich, die mir als Erste das Kochen beigebracht hat. Ich wünschte, du könntest mit mir zusammen den Erfolg sehen, zu dem du die Anregungen geliefert hast. Was würde ich darum geben, nur noch einen Tag lang in deiner Küche mit dir zu kochen.

Über den Autor

Jet Tila ist USA-weit für sein kulinarisches Können in der modernen asiatischen Küche anerkannt. Aufgewachsen ist er in der Thai Town von Los Angeles, wo die größte Thai-Bevölkerung außerhalb Thailands beheimatet ist (rund 80.000 der geschätzt 120.000 Thai-Amerikaner Kaliforniens leben in Los Angeles). Tila erlernte die alten Traditionen der asiatischen Küche von seiner kantonesischen Großmutter, während er im bekannten Bangkok Market seiner Familie mit anpackte – dem ersten Thai-Markt, der in den 1970er-Jahren in den USA eröffnete – und auch in deren Royal Thai-Restaurant mithalf. Tilas Neugier auf alles rund ums Kochen ließ ihn vielfältige Erfahrungen sammeln, angefangen bei der Eröffnung des Restaurants Wazuzu im Wynn Las Vegas in rekordverdächtigen 98 Tagen bis hin zu einer Partnerschaft mit der Compass Group, dem weltweit größten Catering-Unternehmen.

Tila, der als Kochkoryphäe gefeiert wird, wurde vom Königlich-Thailändischen Generalkonsulat in Los Angeles zum ersten Botschafter der Thailändischen Küche ernannt und ist der allererste Koch, der die Kultur und die Küche seines Landes in den Vereinigten Staaten repräsentiert.

Tila wurde in der Titelgeschichte der New York Times-Rubrik zum Thema Essen als »kulinarischer Geschichtenerzähler« vorgestellt. Auch für mehrere Weltrekorde ist er bekannt: für den größten frischen Obstsalat mit mehr als 6.803 Kilogramm, zweimal für das größte Pfannengericht mit 1.819 Kilogramm, den größten Meeresfrüchte-Eintopf (2.948 Kilogramm) und die längste California Roll (134 Meter). Wiederholt ist er als Promi-Koch in TV-Sendungen wie *Cutthroat Kitchen, Guy's Grocery Games, Iron Chef America, Chopped, Anthony Bourdain's No Reservations, CNN's Parts Unknown* und *The Best Thing I Ever Ate* zu sehen (Giada De Laurentiis wählte seine Drunken Noodles [Seite 66] als das beste Gericht, das sie jemals mit Stäbchen gegessen hat). Zudem wurde Tila im Mai 2013 mit dem angesehenen »Dream of Los Angeles«-Award der Stadt Los Angeles dafür geehrt, dass er ein erneutes Interesse für die panasiatische Küche entfacht hat, indem er sich seinen thailändischen und chinesischen Wurzeln widmet, und auch wegen seiner Leidenschaft für die Kochkunst innerhalb und außerhalb der Küche.

Register

W

Y

Z